鉄道と観光の近現代史

老川慶喜

河出ブックス

目次

本文図表作成・神保由香

はじめに

――「鉄道時代」以前の旅

鉄道で観光地に出かけるのは、今日ではごくあたりまえのことであるが、鉄道がなかったときにはどのようにして旅をしていたのであろうか。時代はかなりさかのぼるが、藤原為家《ためいえ》の側室阿仏尼《あぶつに》が、鎌倉時代の一二七九（弘安二）年に著した『十六夜日記《いざよいにっき》』という旅日記がある。為家の死後、阿仏尼の子の藤原為相《ためすけ》と前妻の子藤原為氏《ためうじ》との間に相続争いがおこり、それを解決するために京都から鎌倉に向かったので、いわゆる観光目的の旅とは趣を異にしているが、当時の旅の困難さをみてとることはできる。なお、『十六夜日記』と呼ばれるようになったのは、阿仏尼が一〇月一六日の夜に京都を発ったからといわれている。

阿仏尼は、当時七〇歳とも六〇歳ともいわれる老婆であったが、修験者の息子を先達にして、京都から鎌倉までの約四五〇キロの道のりを一四日間で歩いた。一日に三〇キロ以上も歩いたことになり、恐るべき健脚というほかない。しかし、それは一方で夜明け前に出立し、日暮れてから仮寝の宿を探すという過酷な旅をつづけた結果でもあった。道路は雨が降ると水田との境目がわからなくなり、舟をつないだ浮橋（舟橋）をわたるのも命がけであった。富士川を越えるときの風は冷たく、衣服は凍りついた。箱根路の下りはことのほか険しく、足を止めることもできなかった。夜盗や山賊に襲われた気配はなく、その意味で旅の安全は保たれていたようであるが、道中は難行苦行の連続であった（今野信雄『江戸の旅』岩波新書、一九八六年）。

江戸時代になると街道が整備され、「旅」が「行楽」として根づくようになった（倉本一宏『「旅」の誕生』河出ブックス、二〇一五年）。しかし、それでも道中の難行苦行は避けられなかった。庶民が旅をするには通行手形を手に入れなくてはならなかったし、各所に配されている関所できびしい検問も受けなければならなかった。このように移動の自由はきびしく制限されていたが、それでも庶民は、お伊勢参りなどにかこつけて諸国を旅していたようである。たとえば、一八〇二（享和二）年に刊行された十返舎一九《じっぺんしゃいっく》『東海道中膝栗毛』によれば、主人公の弥次郎兵衛と喜多八は、江戸を発って伊勢参宮をすませたのち、奈良・京都から大坂へと足を運んでいる。同書は、多くの読者に好評をもって迎えられたので、著者の十返舎は『続膝栗毛』の刊行をつづけた。一八一〇（文化七）年刊行の「初編上下」では、弥次郎兵衛、喜多八の金刀比羅《ことひら》参詣の旅が描かれている。二人は、大坂を夜の子刻《ねの》（午前〇時）に船で出発し、四国の丸亀をめざした。木津川河口で風待ちのためしばらく休憩し、寅刻（午前四時）に出船したが、兵庫沖を過ぎた頃から風が強くなり、やっとの思いで室津《むろつ》の湊に入った。一日休んで、室津から丸亀に到着したが、この湊は遠浅で沖の方に船を留めて満汐を待たなければならなかった。この湊には、「いつもかゝる難渋」があったのである。

相模国大山（現・神奈川県秦野市）の大工の棟梁・手中《てなか》敏景は、一八四一（天保一二）年正月に伊勢神宮、金刀比羅宮、善光寺などへ参詣の旅に出かけた。正月二六日に箱根の関所を通過するまでは順調であったが、二七日には朝の七つ半時（午前五時）に大雨が降って難儀をした。雨は四つ時

（午前一〇時）には止んだが、今度は風が吹いて困ったという。

江戸時代には、女性の旅も頻繁にみられたが、一八五七（安政四）年四月、近江八幡の近江商人森家の祐清という六七歳の女性が、男女六人で信濃国（現・長野県）の善光寺へ参詣に出かけた。二六日に岐阜の町に到着し、二七日には岩屋観音を参詣したが、大水で大川をわたれずにまわり道を余儀なくされ、太田宿で川止めとなってしまった。翌日には雨も上がり、五つ時（午前八時）には船に乗って大川をわたったが、渡し船の料金が一二文も跳ね上がっていた（櫻井邦夫「道中日記にみる江戸時代の旅」、大田区立郷土博物館編『江戸の旅　弥次喜多道中・図録』二〇〇〇年）。

鉄道開通後の旅

このように、旅人は雨や風に大いに悩まされ、「旅」はつらくきびしいものであった。「かわいい子には旅をさせよ」ということわざがあるが、それは難行苦行の旅から転じて「子は親元を離れて、なじみのない土地で暮らし、困難で苦しい体験をしてこそ成長するもの」という意味に解釈されている。

西欧でも事情は同じであった。英語の旅を意味するトラベル（travel）の語源はラテン語の tripalium で、拷問に使用する「三本の杭」を意味している。また、フランス語のトラヴァーユ（travail）にも、もともとは労働、苦労、陣痛というような意味合いがあった。このように、旅は本来苦しいものであるが、子どもが大人に成長するためにはやらなければならないことと考えられていたのである。

この苦しくてつらい拷問のような「旅」を、「楽しみ」のための「観光」に変えたのが、ほかならぬ鉄道であった。鉄道は、「旅」から苦痛や困難を取り除き、「成長」するためではなく「楽しみ」のための「観光」に変えたのである。「観光」（tourism）の語源は、古代ギリシア語のtornosに求められ、それは「旋盤」とか「ろくろ」を意味していた。すなわち、観光とは出発地に戻ることを前提に、非日常的な体験を楽しむことということができ、その成立には鉄道が深くかかわっていたのである。

世界で最初に「鉄道時代」を迎えたのはイギリスであった。一八三〇年、リバプール〜マンチェスター鉄道が開業し、ハイドパークで大博覧会が開催された一八五一年には、開業距離が約七〇〇〇マイル（一万一二六三キロ）に達していた。その結果、駅馬車時代には数日を要していた旅が、わずか数時間に短縮されたのである。

イギリス人は、職場や家庭から解放された、数日以上の休暇をホリデーと呼ぶが、鉄道時代が到来するまで、ホリデーを楽しめたのは貴族やジェントリー、巨額の有価証券を所有する金利生活者など、金と暇に恵まれた少数の上流階級のみであった。彼らは、バース、ハロゲット、バクストンなど内陸の湯治場（スパ）や、ブライトン、スカーバラのような海浜保養地で夏を過ごした。しかし鉄道時代になると、これらのリゾート地は日帰り可能な行楽地となり、大量の労働者階級が押し寄せ、一部のものは滞在をさえ楽しむようになった。鉄道の開通によって、リゾート地が大衆化したのである。

旅行業界の名門トマス・クック・アンド・サンズ社も、鉄道時代の賜物であった。トマス・クックは、中部イングランドの地方都市レスターで印刷業を営むバプティスト派の敬虔なクリスチャンで、熱心な禁酒運動家でもあった。一八四一年七月、彼の住むレスター市に近いラッフバラ町で禁酒運動団体の集会が開催されることになった。彼は、この大会への参加者を増やすために、レスター〜ラッフバラ間に運賃の安い特別列車を走らせることを思い立った。ミッドランド鉄道との交渉もうまくゆき、禁酒大会への参加者も増え、クックの企ては大成功であった。また、禁酒大会の参加者も、みずから鉄道の乗車券を手配する手間が省け、しかも運賃が安いとあって大満足であった。

クックは、その後もしばしば団体旅行の代行を頼まれた。クック自身も旅行を飲酒に代わる健全なレクリエーションにしたいと考えて、積極的に団体旅行を企画した。一八五五年には、フランスのパリで開かれた第一回万国博覧会に大勢のイギリス人観光客を送り込んだ。クックは、旅行代行業者として見事に成功を収めたのである。そして、それにともない「旅」の大衆化が進み「観光」が成立したのである（荒井政治『レジャーの社会経済史』東洋経済新報社、一九八九年、小池滋「文化の中を走り抜けた鉄道」湯沢威・小池滋・田中俊宏・松永和生・小野清之『鉄道』ミネルヴァ書房、二〇一二年）。

柳田国男による「鉄道の旅」

イギリスに遅れること約四〇年、日本でも鉄道時代が幕を開け、旅の大衆化が進んだ。鉄道と旅の関係にいち早く注目したのは、民俗学者の柳田国男であった。柳田は『秋風帖』（創元社、一九四〇年）、『明治大正史　世相篇』（東洋文庫、一九六七年）などの著作で、鉄道開通後の「旅」の変容について以下のように興味深い指摘を行っている。柳田によれば、鉄道の利用者には「汽車が無かったら、どれほど難儀をしてあるいて居たらうと思ふ人」と、「汽車が通じたから出て来たといふ人」の二つのタイプがあるという。そして後者のタイプの方がはるかに多く、鉄道が開通すると人びとは「釣り出されて遊覧の客となつた」と述べている。鉄道の開通が、多くの人を旅に誘うことになったのである。

江戸時代の人びとは、神社・仏閣への参詣にかこつけて旅を楽しんでいたが、それでも鉄道が開通してからと比べれば、かなり不自由であったといわざるを得ない。まず、自然の障害があった。基本的に徒歩や馬背に頼るしかなかった当時の旅行者が、雨や風に耐えながら、峠や大河を越えて旅行することがいかに困難であったかは想像に難くない。しかも、全国各所に関所が設けられており、通過するためには往来手形を携行しなければならなかった。

明治になり関所はなくなっても、自然の障害は変わらない。それを克服したのが鉄道だった。鉄道の開業によって、運賃さえ払えばだれもがどこにでも自由に行けるようになった。その結果、「汽車が通じたから出て来たといふ人」が大量に生み出されたが、「旅」の形態そのものは大きく変わるものではなかった。江戸時代の「巡礼」は名ばかりで、旅の目的は団体でともに歩いて「道筋」を楽しむことにあった。この「巡礼」の旅は「名所巡り」の旅として、鉄道開通後にも衰えずに引き継がれた（前掲『明治大正史　世相篇』）。

このように、江戸時代の社寺参詣の旅は、単に信仰心のみによるものではなく、道筋を楽しむ「行楽」として発達してきた。これは、明治になって鉄道が開通しても少しも変わらなかった。しかし鉄道は、柳田が「縮地の術」と表現したように、目的地までの所要時間を著しく短縮した。鉄道は峠や舟路をたどった従来の交通路とはまったく異なったルートをとり、その結果「旅」は以前よりも「ずっと単純」になってしまい「道筋」を楽しむこともなくなった（前掲『秋風帖』）。汽車のなかで、団体旅行であれば宴会をしているうちに、一人旅でも寝たり本を読んだりしているうちに目的地に着いてしまう。そしてそれこそが、進んだ「旅」の有様であるかのごとく考えられるようになったのである。

かくて鉄道の開通は、つらくきびしい「旅」を、気楽に楽しめる「観光」に変えたといえる。そして、それはより多くの人が「旅」（観光）にかかわるようになる過程でもあった。すなわち、鉄道は「旅」の大衆化を推し進めたのであった。そこで本書では、明治初年から戦後の高度経済成長期頃までの、すなわち日本の近現代史における鉄道と観光の織りなす関係を、さまざまなエピソードを交えながら論じてみることにしたい。

なお、本文中で引用する史料については、基本的には原文通りとしているが、読みやすさを考えて適宜句読点を付したり、旧字を新字に改めたりしている。

第一章 「行楽」となった社寺参詣

1 川崎大師の「初詣」

「初詣」とは？

今では、正月の三が日の行事としてすっかり定着している「初詣」だが、江戸期には必ずしも一般的に行われていたわけではなかった。齋藤月岑《げっしん》『東都歳時記』（天保九年、一八三八年）によれば、江戸の正月は元日から月末まで初卯《はつう》、初不動といった初縁日にもとづく参詣が目白押しで、元日には氏神《うじがみ》（産土神）への参詣や恵方《えほう》詣も行われていた。ちなみに恵方詣とは、居住地からみてその年の恵方（歳徳神がいるとされる方角）にあたる寺社に参詣することである。

すなわち、近世後期における江戸の正月参詣は、初縁日・氏神・恵方といったものにもとづいており、それによって日取りや参詣すべき寺社が決められていた。また、交通手段は基本的に徒歩であったから、市街地から歩いて行ける範囲にある寺社が参詣の対象となっていた。

近世後期から明治にかけて、元日を重視する風潮が社会に浸透し、正月のさまざまな参詣行事が元日を中心に再編されていった。一八七五（明治八）年一月七日の『東京日日新聞』の「雑報」欄の初卯に関する記事によれば、この頃には新暦の日取りで初卯や初水天宮などの初縁日に関する参詣が行われるようになっていたが、同時に元日の恵方詣もさかんに行われていたようである。

このように明治初年には、東京市街地の正月の参詣は、初縁日の参詣と元日の恵方詣が中心となった。正月の参詣が元日を中心に再編されたのは、元日の重要性が高まったというだけでなく、日曜週休制と年頭の三が日を休む（一月四日が仕事始め）という慣習が定着し、正月の一～三日の三が日が多くの人々にとってもっとも参詣しやすい日となったからでもあった。

その後、東京で三が日に参詣客を多く集めたのは、川崎大師（平間寺）、成田不動（新勝寺）など、鉄道の沿線にある郊外の寺社であった。それが、のちに「初詣」と呼ばれる正月の参詣行事となったのである。初詣は参詣行事であることには間違いないが、一般庶民にとっては家族連れで桜を見に行ったり、遊園地に遊びに行ったりするのと同じ「行楽」でもあった。庶民は、鉄道に乗って郊外に出かけて、散策を楽しむついでに寺社を参詣したのである（初詣と鉄道の関係については、平山昇『鉄道が変えた社寺参詣――初詣は鉄道とともに生まれ育った』〔交通新聞社新書、二〇一二年〕に詳しい。ここでの叙述も、同書に多くを依拠している）。

初詣の始まり

川崎大師の初縁日（初大師）は正月の二一日で、多くの人びとが江戸（東京）の市街地から川崎大師まで徒歩で参詣に出かけていた。一八七二（明治五）年六月、前月に仮開業した品川～横浜間の官設鉄道の途中駅として川崎停車場が開設されると、川崎大師への参詣が格段と便利になった。同年一〇月には新橋～品川間も開業したので、毎年一月二一日の初大師は新橋から汽車を利用して参詣する人びとでにぎわうようになり、元日の恵方詣の対象ともなった。なお、同鉄道は一〇月一四日に天皇臨席のもとに開業式を挙行し、「正式」に開業することになった。

その後、一八八〇年代の後半になると、『読売新聞』(一八八八年一二月二三日)が「来年一月一日ハ毎年の通り参詣人多く従ツて雑踏を極むならんと察し、爾来一月一日にハ臨時汽車を発せんと目下協議中の由」と報じているように、川崎大師は恵方にあたっている年もあたっていない年も、毎年元日に大勢の参詣客でにぎわい、臨時列車の運行が協議されるようになった。臨時列車は一八八九年の元日から運行され、その後は毎年の恒例となった。

一八九三年一月三日の『読売新聞』は、川崎大師の元日のにぎわいぶりをつぎのように伝えている。

元旦の川崎大師詣ハ毎年相変らずの雑沓にて、当日新橋より特に四回の臨時急行列車を発し参詣者に便利を与へたり。…略…参詣人ハ川崎停車場に溢れて混雑云ん方なく、殊《こと》に午後五時四十五分川崎発新橋着の列車ハ一時に込合《こみあ》ひ、客車に乗り込む時の如きハ先を争ひ押合ひ揉み合ひ戸口も毀るゝ許《ばか》りにて、駅夫を始め停車場員総掛りの注意にて幸に怪我もなかりしが、後にて乗込しものハ悉《ことごと》く客車中にて立往生なりし。…略…此《この》日ハ風もなくいと麗らかに大師河原の長堤景色最も好く三四月の頃郊外漫歩の心地しけり

こうして、一八八〇年代の半ば頃までには、縁日にも恵方にもこだわらない「元日の川崎大師詣」が定着し、「初詣」と呼ばれるようになった(『東京日日新聞』一八八五年一月二日)。なお、元

日の臨時列車の乗客数は、一八八九年には一五六四人であったが、その後一八九六年には四一〇五人、一九〇一年には九三二六人と著しい増加を示した。

信心をなくした初詣

それでは、人びとは川崎大師の初詣に何を求めたのか。『東京日日新聞』（一八八七年一月二三日）は、川崎大師の参詣客について、「近来は何神仏を問はず真の信心参り草鞋掛《わらじがけ》尻端折《しよつぱおり》鎗が降ても往《い》かねばならずと出懸る者が追々と減じ、天気が能《よ》くば運動か保養がてらブラブラ出掛《でかけ》て序《ついで》に利益も呉《く》れるなら授かつて来やうと云ふ風の者が多い」と報じている。このように、縁起を重視して参詣する「信心参り」が漸減し、行楽を主目的とし、そのついでに参詣を行うというようなものが増えてきた。川崎大師は、行楽本位で参詣者をひきつける独特な魅力をもつようになったのである。川崎大師への初詣には、汽車に乗れて手軽に郊外散策を楽しめるという「行楽的な魅力」があった。単なる「ぶらぶら歩き」であれば市街地の寺社でも可能であったが、川崎大師の「ぶらぶら歩き」は都会の喧騒から逃れるための「郊外漫歩」であった。

郊外散策を兼ねた社寺参詣は、すでに近世後期から江戸の人びとをひきつけるようになっていたが、実際に郊外の寺社に出かけるとなると移動は徒歩によらざるをえないため、そう簡単ではなかった。鉄道の利用が可能な川崎大師は、往復に余計な時間をかけることなく手軽に郊外散策を楽しめる数少ない場所であった。川崎大師も、川崎停車場から新道を開鑿《かいさく》して参詣者の利便をはかり、道路の両側には桜を植えて風情を添えていた。

また、一八九八年二月に大師電気鉄道が設立され、翌九九年の一月二一日、川崎大師の縁日にあ

六郷橋～大師間の桜並木を行く大師電気鉄道の電車（京浜急行電鉄提供）

わせて官設鉄道の川崎停車場近くの六郷橋《ろくごう》から大師まで参詣用の電車を走らせた。なお、大師電気鉄道は、一八九九年四月に京浜電気鉄道と社名を変更した。

官鉄と京浜電鉄の競争

一九〇〇（明治三三）年頃には、東京市街地から郊外にのびる路線を有する鉄道会社が沿線の寺社への参詣客輸送に積極的に取り組み、郊外の寺社への初詣を定着させていくことになった。『萬朝報《よろずちょうほう》』（一九〇〇年一月二日）は、「郊外に踏出したる処にてハ、川崎大師西新井大師の両所は臨時汽車の運転ありて参詣人殊に群集をなし、堀の内及び新井薬師の辺も恵方に当りし為め甲武鉄道の臨時汽車にと押出したるもの多かりし」と、川崎大師（官設鉄道、京浜電鉄）、堀之内祖師（甲武鉄道）、西新井大師（東武鉄道）、成田山新勝寺（成田鉄道、総武鉄道）などの郊外に立地する寺社が鉄道によって多くの参詣客を集めていると報じていた。

一八七二年以来、東京から川崎大師への鉄道は官設鉄道のみであった。官鉄は、臨時列車を走らせたものの、割引運賃などの積極的な参詣客の誘致策はとらなかった。しかし、一九〇四年五月に京浜電鉄が品川～川崎～大師間の路線を全通させると官鉄と京浜電鉄との競争が激化した。官鉄は、日露戦争（一九〇四～〇五年）の戦費を調達するために通行税が課税されると運賃を値上げしたが、京浜電鉄は反対に運賃値下げを断行して一九〇五年の正月を迎えた。その結果、京浜電鉄の運賃が「従前に比して二割近くの低減」となったため、「大師穴守参詣者及び近郊遊覧者を誘発し、結局会社の利益を増加する」ことになった（『東京日日新聞』一九〇四年一二月三〇日）。

さらに一九〇五年一二月、京浜電鉄が川崎～神奈川間を開通させると、官鉄は京浜電鉄への対抗姿勢を強めた。まず「最急行列車」を新設し、新橋～横浜間の所要時間を五五～六〇分から二七分に短縮するとともに、新橋～川崎間の往復乗車賃を一気に五割引とした。『萬朝報』（一九〇五年一二月三〇日）によれば、「之《これ》も京浜電車といふ競争者が出来たればの事」で、「何事も競争の世の中」となったからである。

一方京浜電鉄は、川崎大師の郊外行楽地としての魅力を強調することによって参詣客の誘致をはかり、川崎大師とその近くの穴守稲荷をセットにした回遊ルートを宣伝した。『東京朝日新聞』（一九〇七年一月三日）によれば、「元旦初大師として京浜電車によりて川崎へ詣でたるもの多く、序《ついで》に穴守稲荷へ廻りしもの尠《すくな》からず。電車会社にては此日絵葉書に初詣記念スタンプを押捺したるを切符に代用せしめ、以て参詣人の一興に供へた」のである。川崎大師と穴守稲荷に直接アクセスしているのは京浜電鉄の強みで、官鉄に対抗するためにも両者をセットにした回遊を売り込むことが重要であった。

「鉄道」が「郊外」に路線をのばしたことによって近世以来の参詣規範が弛緩し、細かい縁起にこだわらない新しい行楽的参詣（＝初詣）が生まれた。一九〇〇年代になると、郊外にのびる諸鉄道が沿線の寺社への参詣客を大幅に増加させるとともに、初詣の行楽としての性格を拡大させていった。それは、鉄道間の競争が絡むと、より顕著となった。

一見するといかにも古めかしくみえる初詣であるが、実は近代日本において、鉄道の開通とともに生まれた正月の参詣行事であったのである。

2　成田山新勝寺への参詣

新勝寺への道のり

成田山新勝寺（成田不動）は真言宗智山派の寺で、江戸期の中頃から不動信仰の中心として多くの参詣客を集めてきた。現在でも初詣客の数は、明治神宮や川崎大師と並んで毎年上位にランクされている。明治初年の東京から成田山への参詣は、深川付近から行徳《ぎょうとく》まで船で行き、船橋で一泊したあと成田街道を大和田、臼井、佐倉と進み、成田には夕刻に着くという片道一泊二日の旅であった。翌日は、朝護摩を焚いて往路と同じコースで戻った。駕籠や馬背などの交通機関があり、やがて人力車や馬車も現れるが、基本的には徒歩で往来しなければならなかった。

一八八三（明治一六）年に東京〜成田間を結ぶ、旭軒の乗合馬車が運行を開始した。所要時間は八時間余で、朝東京を出発すると夕方には成田に着いた。これまでの成田詣が泊りがけであったことを考えると、著しい時間の短縮であった。一八八四年には総房馬車会社が創業し、東京〜千葉間および東京〜成田間の馬車営業を開始した。一八八八年の「総房馬車会社広告」によれば、同社は「東京ヨリ下総《しもうさ》千葉及成田両道間廉価ヲ以テ日々数十回馬車往復シ専ラ該道間ノ旅行ヲ便利ナラシ」めていた（旧新橋停車場・鉄道歴史展示室企画展図録『成田へ――江戸の旅・近代の旅』二〇一二年）。

一八九四年一二月には総武鉄道本所《ほんじょ》〜佐倉間が開業し、佐倉で乗合馬車に乗り継ぐと三時間半で成田まで行けるようになった。これを契機に新勝寺への参詣客が激増し、さらに一八九七年一月の成田鉄道佐倉〜成田間の開業が拍車をかけた。雑誌『太陽』（第四巻一二号、一八九八年）に掲載された坪谷《つぼや》水哉《すいさい》の紀行文「下総紀行」が、「佐倉で成田に赴く者は茲《ここ》にて乗り替へ、乗客の過半は皆《み》な茲所に下りぬ。因《よ》りて知る今まで東京より乗り来りし乗客の大部分は、皆な成田山に向ふ者なるを、是《こ》れ三百六十日間、一日四回の発車皆な然《しか》らざるなし、成田が東京の参詣者を吸収するの勢力大なりと謂《い》ふべし」と述べているように、佐倉は総武鉄道と成田鉄道の乗換駅となり、東京から新勝寺への参詣客でにぎわっていた。

ところで成田鉄道の前身は下総鉄道といったが、同鉄道の発起人代表は新勝寺住職の三池照鳳であった。三池は成田鉄道の大株主にもなり、一八八六年三月の『株主名簿』によれば七五〇株を所有していた。そして、三池が住職を退いてからは、後任の石川照勤が株主となっている。このように、新勝寺は成田鉄道の設立と経営に深くかかわっていた。

一八九八年一二月二二日付の『東京日日新聞』によれば、朝早く起きて本所駅で総武鉄道に乗って佐倉まで行き、そこで成田鉄道に乗り換えるとまもなく成田駅に到着し、四〇〇〜五〇〇メートルほど歩くと新勝寺の不動堂の前に出る。お参りをして午後四時発の汽車に乗ると、六時四〇分には本所駅に戻ることができた。成田山新勝寺への参詣は、日帰りが可能となったのである。

総武鉄道と成田鉄道は、本所から成田までの直通列車を運転して参詣客の便をはかった。しかし、成田鉄道が一九〇一年四月に成田～我孫子《あびこ》間を開業して日本鉄道土浦線（現・JR常磐線）に接続すると、成田への経路は、本所～佐倉～成田間（日本鉄道・成田鉄道）と、上野～我孫子～成田間（総武鉄道・成田鉄道）の二経路となった。

成田鉄道と総武鉄道の競争

成田までの距離は、総武鉄道（佐倉経由）を利用しても、日本鉄道（我孫子経由）を利用してもそれほど変わらなかった。しかし、佐倉～成田間の距離は片道八マイル（約一二・九キロ）にすぎないのに対し、我孫子～成田間は二〇マイル（約三二・二キロ）ほどで、我孫子経由の方がはるかに長かった。したがって、成田鉄道が収受する運賃は我孫子経由の方が多く、成田鉄道としても日本鉄道の方に旅客を誘致しようとした。

『鉄道時報』（一九〇一年四月六日）の広告をみても、「東京より成田に参詣の旅客は上野より往復するを便とす」「成田、我孫子間は日々六回ずつ列車を発着し、成田上野間は僅《わずか》に二時間半にして達す」と宣伝されていた。また、一九〇二年三月からは上野～成田間に直通列車を走らせ、「途中乗換の不便なく僅かに二時間余にて達する東京成田間の近道」と宣伝した（『鉄道時報』一九〇二年三月八日）。総武鉄道は成田鉄道と交渉し、本所～成田間の直通運転の再開を申し入れたが、成田鉄道が「不利益なるとの明瞭なる本所直通を開始する」はずもなかった（『報知新聞』一九〇二年三

「成田鉄道列車内の喫茶室」(『風俗画報』第274号〔1903年〕より。鉄道博物館提供)

月一六日)。

一九〇二年四月九日から五月二八日まで成田不動尊の大開帳が行われ、総武、日本、成田の三鉄道は、多数の参詣客輸送を当て込んで、期間中は運賃を二割引にすることにした。しかし、この協定はまもなく破られ、成田鉄道は総武鉄道に一〇マイル以下については割引をしないと一方的に通達した。佐倉~成田間の距離は八マイルであったので、総武鉄道経由の成田鉄道利用者には割引をしないということを意味し、あきらかに総武鉄道に対する妨害であった。

総武鉄道は参詣客の利便をはかるため、四月九日から成田駅往復にかぎり普通三割引き、二〇〇~三〇〇人の団体三割五分引き、三〇〇~四〇〇人の団体四割引き、四〇〇~五〇〇人の団体四割五分引き、五〇〇人以上の団体五割引きという大幅な運賃割引を実施するとともに両国発の列車を増発した。日本鉄道が仲裁に入り、東京市内発着の場合は二割強の割引とし、上野～成田間、本所～成田間とも片道三等五〇銭、二等七六銭、一等一円一三銭とした。また、総武鉄道は、本所駅をのぞく白線内各駅から成田までの乗客運賃を二割五分引きとし、四月から実施した。

しかし、成田鉄道と総武鉄道の争いは、これにとどまらなかった。総武鉄道は、参詣客の急増に備えて、四月五日から本所発午前九時〇分、午後三時〇分、佐倉発午後〇時二五分、同六時二五分の二往復の臨時列車を走らせたが、成田鉄道はこれに接続する列車を運行しなかった。その結果、乗客は佐倉駅で長時間の待ち合わせをしいられ、総武鉄道の増発の効果を無にしてしまった（白土貞夫「新勝寺参詣客輸送をめぐる成田・総武両鉄道の抗争」『成田市史研究』第五号、一九七八年）。

また、成田鉄道は、上野からの直通列車にかぎり四月九日から車内に喫茶室を設け、ビール、ブランデー、ベルモット、コーヒー、紅茶、水菓子、菓子などを販売し、オルガンを備えて乗客が自由に弾けるようにした。このような乗客サービスは、日本の鉄道史上初めての試みであった。成田鉄道は日本鉄道の資本系列下にあったため、親会社の増収に寄与するためには、我孫子経由の汽車のサービスに力を入れなければならなかったのである（「総武成田両鉄道と成田不動の開帳」『鉄道時報』一九〇二年四月一二日）。

京成電気軌道の開業

一九〇六（明治三九）年三月に鉄道国有法が公布されると、日本鉄道は一九〇六年一一月、総武鉄道は一九〇七年九月に国有化された。また、成田鉄道も一九二〇（大正九）年九月に国有化され、新勝寺への参詣客輸送をめぐって競合していた日本鉄道、総武鉄道、成田鉄道の三社はいずれも国有鉄道となった。しかし、一九二六年一二月に京成電気軌道が押上《おしあげ》から成田花咲町仮駅まで路線をのばすと、成田山新勝寺への参詣客輸送をめぐって国鉄と京成電気軌道が競合するようになった。

京成電気軌道は、社名からもわかるように東京と成田を鉄道で結ぶことを目的としていた。一九一二年一一月に押上～伊予田（現・江戸川）間、および曲金《まがりかね》（現・京成高砂）～柴又間を開業し、前述のように一九二六年一二月には成田まで路線をのばした。当初、京成電気軌道は、新勝寺の門前にまで乗り入れようとしていたが、成田町の町民の激しい反対運動にあって、それよりも手前に仮駅をつくっての暫定開業となった。新勝寺の門前にまで路線をのばされてしまうと、国鉄成田駅から新勝寺につづく参道が衰微してしまうというのであった。

こうして京成電気軌道は、ともかくも会社設立二〇年目にして東京から成田までの間を一時間二三分で結び、運賃は八六銭であった。そして、一九三〇（昭和五）年四月には新勝寺に三〇〇メートルほど近い場所に京成成田駅を開設し、成田まで六〇分で結ぶ急行電車を走らせた。三年後の一九三三年一二月には、上野公園駅（現・京成上野駅）への地下乗り入れを実現し、東京市内に進出した。

京成電気軌道が上野～成田間を結ぶと、成田山新勝寺への参詣客は激増し、国鉄よりも京成の方が優位に立った。一九三二年の京成成田駅の乗客数は五二万一三〇〇人であったが、国鉄成田駅のそれは四七万八八五五人であった。また、一九三七年の乗客数をみても、京成成田駅が七二万九三五六人であったのに対し、国鉄成田駅は六〇万一九三四人であった。京成電軌が成田まで路線をのばす前の一九二三年における国鉄成田駅の乗客数は八七万四九三九人であったから、国鉄成田駅は京成成田駅にかなりの乗客を奪われたことになる。京成電軌が成田までの全線を複線・電化していたのに対し、国鉄の複線区間は両国〜千葉間および上野〜我孫子間のみで、しかも電化はまったくなされていなかった。所要時間も二時間五分ほどで、国鉄の劣勢は免れなかった。

以上のように、成田山新勝寺への参詣客の輸送をめぐって、明治期以降官鉄（国鉄）や私鉄の激しい競争が繰り返されてきたのである。

3 日光の復興

江戸から明治へ

江戸幕府の初代将軍徳川家康が「東照大権現」として祀《まつ》られると、日光東照宮は徳川家最大の聖地となったばかりでなく、大名から庶民にいたるまで多くの参詣客を集めるようになった。とくに、家康の命日の四月一七日には将軍家が参拝した。これを日光社参といい、往復八泊九日の参詣の旅であった。江戸城を発つと日光御成道《おなりみち》を進み、初日は岩槻《いわつき》城に宿泊した。翌日は幸手《さって》宿近くで日光道中に入り、二日目は古河城、三日目は宇都宮城に宿泊し、四日目に日光に到着する。日光では連泊し、復路は往路を逆にたどったが、四代将軍家綱の頃までは今市《いまいち》宿から日光道中壬生《みぶ》通りに入り、宇都宮城のかわりに壬生城に宿泊することもあった。

明治維新後は幕府という後ろ盾を失ったため、日光も衰退を余儀なくされたが、馬車や人力車の利用が始まり、江戸期の日光社参と比べると行程は著しく短縮された。大森貝塚の発見者として知られるアメリカ人の動物学者E・S・モースは、一八七七（明治一〇）年七月に東京から日光への旅を試みた。それは宇都宮までの六六マイル（一〇六・二キロ）を駅馬車で、さらに宇都宮から日光までの三〇マイル（四八・三キロ）を人力車で行くという、宇都宮泊一泊二日の行程であった。

モースによれば、宇都宮までの陸羽街道はニューイングランドの田舎道よりもはるかに整備されていたが、宇都宮から日光にいたる日光道中は馬車の往来もままならぬ悪道であった（E・S・モース著・石川欣一訳『日本その日その日』1、東洋文庫、一九七〇年）。こうした状況は、明治一〇年代後半になってもほとんどかわらなかった。一八八四（明治一七）年五月一二日付の『下野《しもつけ》新聞』によれば、大沢、徳次郎《とくじろう》などの宿駅や日光西町などでは道路の修繕が試みられ、「人家に添ふたる道路」ではやや面目を改めていたが、「一般の道路」は「恰《あたか》も沿岸を歩《あゆみ》たるが如く」で、馬車の通行は絶えてなかった。日光道中については、一八八五年の『下野新聞』にも、「日光山より鹿沼《かぬま》へ出る間は非常なる悪路にて少しく雨天続きの後などに通りては車輪も没するまで行路難の嘆《なげき》あらしむ」（六月九日）、「鹿沼宿より今市宿に至る道路は実に悪道にして旅客も道を迂回する程《ほど》」（八月四日）などという記述がみられる。

やがて鉄道が敷設されると、日光への道のりはさらに縮まり、悪路による弊害も克服された。まずは、日本鉄道上野～宇都宮間、官設鉄道東海道線新橋～静岡間が開業し、日光への遊覧者が増大したことを確認しておこう。

内外国人来遊者の増加

日本鉄道が宇都宮まで線路をのばすと、日光への避暑や参詣を目的にした内外国人の来遊が増え、日光市中がにぎわうようになった。日本鉄道は一八八一（明治一四）年一一月に設立された私設鉄道で、八四年に上野～高崎・前橋間を開業したのち、八五年七月に大宮～宇都宮間を開業し、東京の上野と日光への入り口である宇都宮を鉄道で結んだのである。上野～宇都宮間の所要時間は約三時間、宇都宮から日光まではさらに二時間以上を費やしたが、モースの頃と比べると著しく短縮された。

日本鉄道上野～宇都宮間の開業後、一週間もたたないうちに「東京より日光へ避暑参詣に来る西洋人其他の客は例年よりも甚だ多く、鉢石《はついし》町の旅店も殊《こと》の外《ほか》繁盛とな」った（「日光の繁盛」『下野新聞』一八八五年七月二七日）。とりわけ外国人の来遊者は、上野～宇都宮間鉄道開通前の一八八二年には一六八人にすぎなかったが、八七年には一一九九人に急増している（伊藤教子・初田亨「日光・中禅寺湖畔における外国人別荘地の形成」『日本建築学会計画系論文集』五五八号、二〇〇二年八月）。

日光への来遊者が増えたため、「綿半《わたはん》」（日光の老舗の羊羹専門店）の羊羹が売り上げをのばした。また、日光市内の地価が騰貴し、ほぼ一〇倍になった。一八八八年九月には、二〇〇余坪・二階建ての外国人観光客向けの日光ホテルが開業した。同ホテルは、「客室諸器械より浴室、厠《かわや》までも欧米客舎の風に倣《なら》ひ、内外の諸新聞、室内玉突《たまつき》等諸遊戯物をも備へ、通弁《つうべん》も熟練のものを使用する」（『下野新聞』一八八八年九月三〇日）と紹介されていた。また、一八七三年に「金谷《かなや》カッテイジ・イン」を創業した金谷善一郎は、日光ホテルの開業に危機感を強くし、鉢石町三角《みかど》ホテルを買収して一八九三年に敷地三〇〇〇坪の金谷ホテルを開業した（福田和美『日光避暑地物語』平凡社、一九九六年）。また日光町には、北白川宮、三宮義胤《よしたね》（主殿頭）、高松侯ら皇族や三菱の岩崎弥之助らの別荘も建設され、中禅寺温泉が開湯した（『下野新聞』一八八九年五月八日）。

一八八九年二月には、官設鉄道東海道線が静岡まで路線をのばした。すると、『下野新聞』(一八八九年五月八日)が「東海道鉄道の開通以来晃山(日光山のこと…引用者)の来遊者頓《とみ》に増加し、昨今は日々四百人内外は入込み…略…此分にて行かば本年の夏季は昨年の倍数を見るに至るへき見込み」と報じているように、日光への来遊者が著しく増加した。来遊者のなかには外国人も多く、日光ホテルには一八八九年五月八日前後に一五名の外国人が宿泊していたが、その内訳はイギリス人九名、アメリカ人、ドイツ人、オーストリア人が各二名であったという(『下野新聞』一八八九年五月八日)。

日光鉄道の頓挫

小林徳松、加藤昇一郎らの鹿沼町や今市町の有力者は、一八八六(明治一九)年六月、宇都宮〜今市間の小鉄道の敷設を計画した。宇都宮から塙田《はなわだ》、戸祭《とまつり》、荒針《あらはり》、栃窪《とちくぼ》、古賀志《こがし》、文挟《ふばさみ》を経て今市にいたる路線と、途中栃窪で分岐して鹿沼にいたる路線からなり、資本金は一二万五〇〇〇円で、小鉄道と称されたように機罐《きかん》は七馬力、軌間は三フィート以内とされた。

小林らは、その後お雇い英国人ジョン・ダイアックを招聘して測量、実測図、工費予算、収支見積などを作成し、一八八七年四月に日光鉄道の敷設を出願した。その願書によれば、日光鉄道は規格の小さな鉄道ではなく、日本鉄道と同じ普通鉄道として計画され、「下野国河内郡宇都宮ヨリ同国上都賀郡今市駅及ヒ鹿沼駅間ニ鉄道ヲ敷設シ、旅客貨物等運輸ノ業ヲ営ム」ことを目的とし、興業費四三万円、収入五万六三四〇円、営業費二万八八六五円で、二万七四七五円の利益が見込まれていた。『中外物価新報』(一八八八年九月六日)が報じているように、日光鉄道は「宇都宮に於《おい》て日本鉄道会社の東北線路に接続せしめ、以て日光への行旅及《および》足尾銅山へ貨物運搬の便利を謀《はか》」るものであった。

日光鉄道の創立委員は、同鉄道を日本鉄道の支線とみなし、「工事上、運輸上、諸般之事一切」を同社に委託することにし、日本鉄道会社と協議に入った（『鉄道院文書』）。その後、日本鉄道と鉄道局が路線を再調査し、日光鉄道の路線は宇都宮から砥上《とかみ》、鹿沼を迂回して今市に達するルートに変更された。いわば「将軍の道」（＝日光道中）ではなく、日光東照宮を参詣する天皇の勅使が通った「日光例幣使街道」に沿うことになったのである（前掲『日光避暑地物語』）。

日光鉄道は一八八八年八月に株主総会を開き、渋沢栄一（第一国立銀行頭取）、川村伝右衛門（第三十三国立銀行）、種田《たねだ》誠一（東京馬車鉄道副社長）、安生《あんじょう》順四郎（酪農家）、矢板武（下野銀行）を創立委員に選出した（ただし、安生はのちに郡長に就任したため、野村惟一にかわった）。このうち安生と矢板は、それぞれ「日光山祠堂《しどう》ノ壮観及ビ名勝ヲ永ク永世ニ保存セン」ことを目的に設立された保晃会の副会長、幹事であり、そのほかの発起人のなかにも保晃会関係者が多くみられた。財界の大御所渋沢栄一も保晃会の活動に東京府下の委員としてかかわっており、その関係で日光鉄道の創立委員に選出されたものと思われる。

その後、三〇万円と見込んでいた建設費が五〇万円にふくれあがると、渋沢らの創立委員は日光鉄道の計画を簡易な軽便鉄道に改めようとしたが、鉄道局長官井上勝《まさる》はそれを認めず、宇都宮〜日光間の鉄道敷設を日本鉄道に引き受けさせることにした。日本鉄道は一八八九年八月の臨時株主総会で宇都宮〜今市間の鉄道敷設を決議し、日光鉄道は同年九月に解散となった。

日本鉄道日光線の開業

宇都宮〜今市間着工後の一八八九(明治二二)年一二月、日光町の有志者は今市〜日光間の路線延長を陳情した。日本鉄道は技術的には可能であると判断し、一八九〇年一月の臨時株主総会で同延長線の敷設を決議した。今市〜日光間の建設費は一〇万円で、宇都宮〜今市間の建設費四〇万円と合わせると五〇万円となった。宇都宮〜今市間は一八九〇年六月、今市〜日光間は同年八月に開業した。八月一日の開業式で、日本鉄道社長の奈良原繁は、「是ヨリ日光ハ鉄道ノ為ニ陸続登山ノ人ヲ増シ、鉄道ハ日光ノ為ニ永遠営業ノ繁栄ヲ蒙リ一挙両全ノ策」であると述べた(山田英太郎『日本鉄道株式会社沿革史』発刊年不詳)。

日光線開業後、上野発の一番列車に乗れば午前一一時四〇分には日光に着いた。その日のうちに東京に戻ることもできるが、二、三日かけて東照宮を十分に巡覧したのち中禅寺湖《ちゅうぜんじ》、湯元などの名勝をめぐることが可能となった。日光線の営業成績をみると、旅客収入が営業収入の七〇〜八〇パーセントを占めており、上期に比べて下期の収入が著しく少ない。日本鉄道の『一七回報告』(一八九〇年四〜九月)が述べているように、日光線の旅客は「日光山ノ廟閣ヲ観覧スルモノ」と「避暑探幽ノ旅客」が大半であったため、夏季の行楽シーズンに乗客が集中し、季節による収入の変動が大きかったものと思われる。実際、一八九一年度の上期(四〜九月)と下期(一〇〜翌年三月)の旅客収入を比較すると、上期三万三七二二円、下期二万八一五円で、下期は上期の六一・七パーセントでしかなかった(日本鉄道会社『第二一回報告』『第二二回報告』)。なお、一八九二年下期は一〇〜一二月、翌九三年からは上期一〜六月、下期七〜一二月となるので、単純には比較できなくなった。

　しかし、日光線の開業によって日光町の宿泊客が増加したわけではなかった。一八九〇年六月中の「日光山拝覧人」は七二八二人にのぼったが、小西屋旅館に宿泊したのは二一四四人にすぎず、しかも「小西屋を除くの外《ほか》一旅亭にして拾人以上の客ありしもの殆《ほと》んど稀《ま》れなり」という状況となった。「拝覧人ハ宇都宮今市間鉄道開通以来著しく増加せしも、一列車に宇都宮を発し拝覧後終列車にて帰るもの多く」なり、日光町の宿泊客はそれほどは増えず、かえって「日光産物の売れ方も大いに悲し」という状況に陥った（『下野新聞』一八九〇年七月六日）。なお、小西屋旅館は一八六八（明治元）年の創業で、一八九九年に宮内省御用達に指定され、日光町ではもっとも格式のある旅館であった。

　こうして、小西屋旅館をのぞく日光町や今市町の旅館は経営の危機に瀕していた。日光線が日光まで延長されると、日光駅前では「旦那御宿《おやど》まで御伴《おとも》は如何《いかが》、何屋何兵衛はてまえでござる」と、旅館の客引きが横行した（『下野新聞』一八九〇年九月一三日）。

　また、日光駅近辺の土地は東京在住者に買い占められていた。したがって日光駅周辺に出店するには東京の地主から相当の地代をもって借地しなければならなかったので、旅店主たちは地代引下げ運動

1893 年の『日本鉄道会社線 日光案内』
日本鉄道会社運輸課（鉄道博物館提供）

を展開した（『下野新聞』一八九一年四月二七日）。

一方、日本鉄道は東照宮の大祭など、日光の観光資源を十分に活用した経営を展開した。たとえば、六月二日の東照宮の大祭にあわせて、一日、二日の二日間にわたって上野および宇都宮からの往復割引切符を販売している。一八九一年五月二八日付の『下野新聞』によれば、料金は上野〜日光間で上等四円一三銭、中等二円七三銭、下等一円三七銭、宇都宮〜日光間ではそれぞれ一円一三銭、七五銭、三八銭であった。

また、一八九二年には初めて日光への回遊列車が運行された（「回遊列車」については、本書の第二章で詳しく触れる）。一八九九年にも運行され、往路は上野発午前五時、日光着同八時二〇分、復路は日光発午後六時五分、上野着同一〇時二〇分で、宇都宮駅および小山駅の二駅で下車することができた。回遊割引切符は、三、四日前から内国通運の東京府下および横浜の本支店で販売され、事故のため通用期限内に乗車できなかった場合には会社が切符を買い戻すことになっていた（「日光廻遊者の便利」『鉄道時報』一八九九年七月一五日）。日光回遊列車は好評で、八月二七日の日曜日をもって終えるはずであったが、九月も土曜、日曜に走らせ、さらに好評であれば紅葉の時期まで延長するとされていた（「日光廻遊列車」『鉄道時報』一八九九年九月五日）。

一九〇一〜〇二年の日光回遊列車の実績を示すと、**表1・1**のようである。一九〇一年から〇二年にかけての七月、八月に、合計一七回の回遊列車を走らせている。晴の日に乗客の数が多いが、雨だからといって少ないわけではない。ピークは一九〇二年七月二七日で、七四〇人の乗車人員を記録している。しかし、収入金額では一九〇一年八月一三日の方が多く、一一二四円七三銭であった。それは、一等車、二等車の乗客の数が多かったからである。

表1・1 日光回遊列車の乗車人員

運行年月日		乗車人員(人)					収入
		天候	1等	2等	3等	合計	
1901年	7月14日	雨	9	15	177	201	330円10銭
	15日	曇	6	11	119	136	226円93銭
	16日	曇		9	119	128	203円28銭
	21日	曇		30	152	182	249円15銭
	28日	晴		37	352	389	584円85銭
	8月4日	晴	11	82	376	469	990円37銭
	11日	曇	3	16	119	138	227円14銭
	13日	晴	23	94	559	676	1,124円73銭
	25日	雨	3	106	423	532	883円23銭
1902年	7月14日	雨	1	7	127	135	131円48銭
	15日	雨	5	24	263	292	420円76銭
	16日	雨		16	188	204	289円46銭
	20日	雨		51	354	405	587円90銭
	27日	曇	7	71	662	740	1,015円04銭
	8月17日	曇	3	53	283	339	505円10銭
	24日	曇	6	99	424	529	795円28銭
	31日	晴	7	25	179	211	453円03銭

出典:「日光回遊列車の成績」(『鉄道時報』1902年9月6日)。

こうして鉄道は、日光に観光客とともに厳しい資本主義の競争原理を運んできたが、みずからはさまざまな方法で観光客を吸収し、独占的な利益をあげていたのである。

コラム　宗門信徒の大輸送

一九一一（明治四四）年、京都の知恩院、西本願寺および東本願寺の各寺院で大法要が営まれ、全国各地から多数の信徒が集まることになった。国有鉄道は、寺院の要求を容れて参拝団の輸送計画をたてた。しっかりとした輸送計画をたてなければ、「一般運輸の支障を来す虞《おそれ》あるのみならず、自然に放置するの結果旅行に馴れざる地方人士をして、種々の不便困難を感せしめ、惹《ひい》ては参拝者を減少するの虞あり」と考えられたからである。

また、わずか二か月の間に大量の宗門信徒を輸送しなければならないので、京都駅の近くに梅小路仮停車場を開設して参拝団の専用駅とするとともに、東西両本願寺の境内に臨時出札所を設置した。そして、団体臨時列車が長時間停車する駅には便所や洗面所を新設して便宜をはかった。

こうして、知恩院、東本願寺、西本願寺の法要に参加した宗門信徒は、**表1・2**にみるように約六〇万人にも及んだが、これは鉄道の強大な輸送力がなければおよそ不可能であった。すなわち、鉄道は「全国の信者をして夢寝の間にも忘れがたき思ひあらしめたる本山参拝の希望を達し、信仰の満足と精神上の慰安を得せしめ」たのである。

国有鉄道の寺院への参詣客の輸送は京都の知恩院、西本願寺、東本願寺にとどまらなかった。たとえば一九一二年には、長野県の善光寺に一一万九一七一人（四月一日～五月二〇日）、香川県の金刀比羅《ことひら》宮に三万九一九三人（三月一日～五月三一日）、三重県津の専修寺に六万六四四二

表1・2　1911年京都寺院参詣団体輸送の概要

寺院		輸送期間	往復人員（人）	提供車数（両）	臨時列車数（両）
知恩院	1期	2月25日〜3月12日［16日間］	61,473	572	126
	2期	4月10日〜4月29日［20日間］	1,384	94	2
西本願寺	1期	3月10日〜4月2日［24日間］	194,159	783	390
	2期	4月3日〜4月22日［20日間］	130,829	863	270
東本願寺		4月12日〜5月9日［28日間］	191,966	864	337

出典：鉄道院編『本邦鉄道の社会及経済に及ぼせる影響』上巻、1916年。

人（四月六日〜一六日）などの参詣客輸送が行われていた。

明治初年の鉄道は、庶民の参詣を行楽の一部に変え、初詣という正月の行事を生み出したが、一九〇六〜〇七年の国有化によって誕生した国有鉄道は、大規模な宗門信徒の計画輸送を担うようになったのである（鉄道院編『本邦鉄道の社会及経済に及ぼせる影響』上巻、一九一六年）。

第二章　回遊列車の流行

1　さまざまな回遊列車

観月列車と松茸狩り列車

一九〇〇年代になると、観梅列車、海水浴列車、観月列車、松茸狩り列車などの回遊列車が頻繁に運行されるようになった。回遊列車とは、沿線の観光資源を利用した団体旅客列車を走らせて集客をはかろうとしたもので、この頃の「一ツの流行」となった（「回遊列車の流行」『鉄道時報』一九〇三年八月二九日）。

関西鉄道は一九〇一（明治三四）年九月二七日の中秋の名月を期して、大阪から奈良に向けての観月列車を走らせた。「観月」のための列車というのは初めての試みで、午後五時一五分に大阪の湊町駅を発車して七時二〇分に奈良に着いた。列車編成は、一等八両、三等六両で、すべて新造列車を連結した。中間の二等車には、八名の音楽隊を乗り込ませるなどのサービスを施し、乗客は合計二五六名にのぼった。

奈良に到着すると、乗客の何人かは奈良公園内の興福寺七堂伽藍《がらん》跡の広場で、観月を楽しんだ。

また、淡雲が天を蔽《おお》うなかで白く透けて見える月の姿を、せめてもの「中秋の風情」と見立てて遊興に興じるものもいた。そのほか、若草山に登るもの、奈良公園を散歩するものもいた。帰りの列車は午後一一時に奈良を発車し、〇時七分に大阪に帰着した。関西鉄道は、翌二八日の夜には新聞社の社員などを招待したが、前日と同様に雲は晴れなかった（「関西鉄道の観月列車」『鉄道時報』一九〇一年一〇月五日）。

一九〇一年一〇月、阪鶴鉄道（現・JR福知山線）は松茸狩り列車を走らせた。社長の速水太郎の発案による新趣向で、沿線の松茸山の持主と特約して松茸を買い取り、乗客に松茸狩りを楽しんでもらうというものであった。

大阪、神崎、神戸の三駅から、道場《どうじょう》、三田、広野、相野、藍本、古市《ふるいち》、篠山《ささやま》など、松茸狩りで有名な七駅に向けて臨時列車が運行された。大阪発は午前八時と九時八分の二回、神戸発は午前七時三〇分の一回のみであった。七駅のうちどの駅で降りてもよいという割引切符が売られ、料金は大阪からは一等二円、二等一円二〇銭、三等六〇銭、神戸からは一等二円八〇銭、二等一円七〇銭、三等九〇銭で、通常料金の半額ほどであった。また、乗客には松茸三〇〇匁《もんめ》（一・一二五キログラム）の切符を二〇銭で車内販売し、それ以上は取り放題で一〇〇匁（三七五グラム）につき七銭であった（『鉄道時報』一九〇一年九月二八日、一〇月五日）。松茸山では、草履《ぞうり》（一銭）、かご（二銭）、松茸飯（一〇銭）、カンテキ鍋・砂糖・醬油（各五銭）などが用意されていた（青木槐三・山中忠雄編著『国鉄興隆時代――木下運輸二十年』日本交通協会、一九五七年）。

なお、松茸狩り列車は、その後も運行され、阪鶴鉄道の『第一四回営業報告書』（一九〇二年一〇月～〇三年三月）には、「当期ノ初ニ於《おい》テハ線路沿道ノ連山到ル処豊阜ナル松茸ハ数十年来未曾有ノ発生ナリシヲ以テ大阪ヨリ篠山マテ二周日余運転セル松茸狩列車ノ如《ごと》キハ非常ノ盛況ヲ呈シタリ」と記述されている。

至れり尽くせりの松島観光

仙台からほど近くの松島は、天橋立《あまのはしだて》（京都府）、宮島の嚴島《いつくしま》神社（広島県）などとともに日本三景と称され、日本鉄道沿線の絶好の観光地であった。日本鉄道は、一八九八（明治三一）年八月に庚寅新誌社から発行された『汽車汽船旅行案内』（第四七号）に「松島案内」という見開き二頁の広告を掲載した。それは、松島観光のルートと時間を示したものであった。すなわち、上野発午後三時の汽車に乗ると、翌日の午前三時五六分に仙台に到着する。一休みしたのち、午後五時ごろまで松島の各所を遊覧し、船で鹽竈《しおがま》神社に詣で安産の神符を受ける。午後八時五五分もしくは一〇時二〇分の汽車で仙台に戻り、日付が変わった直後の〇時五分発の上野行きの汽車に乗り、午後一時に帰着する。往復とも車中泊で所要時間四六時間ほどの汽車旅、これが当時の最短かつもっとも効率的な松島観光であるというのであった。

しかし、東京から松島まで足を運ぶ観光客はそれほど多くはなく、一〇〇〇人に一人くらいの割でしかなかった。このような状況を憂えた仙台駅前の仙台ホテルの主人大泉梅五郎は、多少損をしてもよいので東京から観光客を呼び込みたいと考え、日本鉄道に回遊列車を運行してはどうかと話をもちかけた。日本鉄道側も賛同し、一九〇三年八月一六日の日曜日に松島観光を目的にした回遊列車が走った。当時の旅客運賃は、一等、二等、三等にわかれていたが、この回遊列車では二等および三等の乗客が募集され、総勢約二五〇名の団体旅行となった。

回遊列車出発時の光景（明治末期。『日本国有鉄道百年写真史』〔日本国有鉄道、1972 年〕より。東日本鉄道文化財団提供）

回遊列車は一五日の夜八時四〇分に上野を発ち、海岸線（のち常磐線と改称）を通って翌朝の六時に仙台に到着した。臨時列車なので、通常よりも速度が速かったと思われる。汽車のなかでは、至れり尽くせりのサービスがまっていた。世話係が配され、不都合があってはならないと、技術者の小栗工学士、顧問医の井上医師が同乗することになった。また、給仕は終夜腰をかける暇もなく客車内を歩きまわり、扇子で乗客をあおいでいた。

行く先々での歓迎ぶりもすさまじかった。仙台駅では楽隊に出迎えられ、仙台ホテルで朝食を済ませた。再び汽車に乗って塩竈に向かうと、ここでも旗を振って出迎えられ、提灯がつりさげられていた。鹽竈ホテル、えび屋、太田屋など旅館の主人たちに出迎えられ、二階、三階の休憩所で茶菓のサービスを受けた。

その後一行は、二四隻の船に分乗して、松島湾内の景勝地の観光を楽しんだ。船中では弁当と正宗（日本酒）でもてなされ、さらに札幌麦酒《ビール》会社の社員によって大瓶ビールが一本ずつ配られた。二時間ほどで対岸の松島村に達すると、松島ホテルで休憩をとった。そこでは、あらかじめ仙台から呼ばれていた若い女性たちによる「鹽竈甚句」「ハットセ踊り」などの芸能や余興も饗された。瑞巌寺《ずいがん》、観瀾亭、雄島、五大堂などを見学したのち鹽竈神社に参拝し、その後汽車で仙台に戻った。仙台ホテルで夕食をとり、午後八時発の汽車に乗ると翌朝上野に着いた。これで料金は五円五〇銭であった。

つまるところ、旅館で食事はするが宿泊はせず、往復とも車中泊であった。しかし、当時上野〜仙台間の三等車の旅客運賃は往復で六円六銭であったから、この料金で朝、昼、晩の食事とお酒がつき、そのうえ遊覧船に乗って余興まで楽しめるというのは破格の値段であったといえる。当然赤字になるが、仙台ホテルの主人大泉梅五郎はそれを覚悟で東京の人たちを松島に招いたのであった。ただし、よい話ばかりではなかった。車内が不潔であるとか、床に落ちている煙草の吸殻、痰や唾を何とかしてほしい、トイレが不衛生である、粗悪品の飲食物を売っている、などの苦情も多数寄せられた。夜行列車なので、読書ができるようにしてほしいという注文もあった（前掲「回遊列車の流行」）。

外国人の観た回遊列車

外国人からみると、日本の回遊列車はまだまだであった。千葉秀浦『外人の観たる日本』（廣文堂書店、一九〇七年）は、外国人V氏の回遊列車に関する批評を紹介している。V氏は、ある日、熱海〜小田原間の豆相人車《ずそうじんしゃ》鉄道に乗った。V氏は、車内からみる「海岸の美景」に感嘆し、ここに「遊覧列車」を走らせてはどうかと考えた。そこから、話は日本の回遊列車の批評に及んだ。

V氏によれば、「回遊列車」と呼ばれている日本の「遊覧列車」は、名は立派であるが実がともなっておらず、「遊覧行き列車」でしかない。「遊覧列車」（回遊列車）というのは、「遊びつゝ楽しみつゝ列車で往返する筈《はず》」なのに、日本では「遊ぶ地点が定まつて居て、途中は純粋の旅行と少しも変らない」のである。たとえば、第一章の3節で紹介した日光回遊列車は、単なる「日光行き列車」でしかないというのである。

それでは、遊覧列車とはどうあるべきなのか。V氏によれば、「其《その》設備が遊覧的であること」はいうまでもないが、「其運転も亦《ま》た遊覧的で無ければならぬ」のであった。たとえば、遊覧に値する景色のよいところにさしかかったら「悠々《ゆつくり》と徐行」する。徐行すると風が入らなくなり、車内が暑くなる。そこで、ボーイが「電鈴」を押して扇風機を回し、涼しい風を車内に送る。また、乗客には清涼飲料水を用意する。そして、徐行が終わって「無趣味の場所」に出たら「汽車らしく疾走す」ればよい。これではじめて、「遊覧列車」になるのである。

しかし、日本の汽車には扇風機も食堂もなく、「亀の子列車」の本領を発揮してゆっくり走るのは、「山を開いた上り勾配の場所に掛つた時で」ある。そこは、「道の両側は見た計《ばか》りでも汗の出る諸色の土堤に瀬切られ景色も見えねば風も来ず、来ずとも宜《よ》い煙計《ばか》りがドシ〳〵客車に乱入する地点」であった。そして、「絶景の場所は之《これ》と反対に一瞬の間に駈け抜ける」のであった。こういうのは、「決して遊覧列車では無い」のである。

そして、V氏はつぎのように提案する。このように、鉄道作業局の運営する官設鉄道でさえ「遊覧行列車以上の働きが出来ぬ」とすれば、この小さな豆相人車鉄道に「遊覧列車」を走らせようとするのは無理であろうし、「鉄道庁から生意気だと叱られる恐れ」もある。そうであれば、「此《この》狭い街道の鉄路は断念して、徒歩する人の邪魔に成る交通機関を廃して仕舞《しま》ひ其代《そのかわ》りに海から此沿岸と対岸との絶景を十分に観賞すると云ふ趣向を取ってベンジン発動式の小舟か何かを運転させ」てはどうか。その方が、「遊覧と交通と双方の便利に成る」というのである。

ところで、外国人V氏とは、どのような人物であろうか。本書の著者である千葉秀浦とはどのような関係にあるのであろうか。千葉は外国語学会会主であり、序文を寄せた大隈重信によれば「篤学の士にして洋語に精通し、広く欧米の人士と友交して」いた。デネカンプという外国人の友人が、V氏とは誰のことかと再三問い詰めても千葉は答えなかった。おそらく千葉は、豊富な外国人との交遊によって得たみずからの見解を、V氏を通して語っていたのではないかと推測される。外国人V氏は、本書の著者である千葉秀浦にほかならないのではないだろうか。

2　国有鉄道の回遊列車

京都回遊臨時列車

官設鉄道でも、滝や紅葉の見物を目的とした回遊列車が企画された。新橋事務所は、一九〇〇年代後半に名瀑観賞回遊列車を企画した。当時、旅客掛《かかり》をしていた千葉豊は、のちにこの回遊列車について「二百五十名の養老の滝見物の列車は、酷暑の車中に、二十数本の氷柱を立てて涼をとりつつ、大垣からは二百五十台の人力車を連らねて、延々数町にわたって往復した。／列車の停車する駅では、湯茶の接待で団体客をよろこばせた。／名瀑のみでなく、日光、箱根などの、近間への団

木下淑夫（青木槐三『この人々』〔日本交通公社、1962年〕より）

体旅行もやるようになった」（前掲『国鉄興隆時代――木下運輸二十年』）と述べている。

鉄道作業局では、一九〇二（明治三五）年一一月一日から四日にかけて、運輸部旅客掛長の木下淑夫《よしお》の発案で、観楓を目的とした京都回遊臨時列車を運行した。このような回遊列車を走らせたのは、京都の「高雄、嵐山、御室《おむろ》、通天の秋色は本月上中旬を以て最も賞すべきの好天となるべきに加へ、稲荷山、吉田山の松茸狩も亦未《またいま》だ遅しとせざる」と考えたからで（「京都回遊臨時列車」『鉄道時報』一九〇二年一一月一日）、官設鉄道としては初めての試みであった。一一月二日は日曜日で、三日は天長節（明治天皇の誕生日）、二日つづきの休みを利用しての三泊四日の旅程であった。

一一月一日の午後四時二〇分に新橋駅を出発した列車は、二日の午前七時に京都に着き、二日、三日と観楓を楽しんだのち、三日の午後六時に京都を発って四日の午前九時に新橋に着くというスケジュールであった。三泊四日とはいうものの、三泊のうち二泊は車中泊、しかも時速五六・三キロの速度で移動するので、かなりの強行軍であった。体調をこわすものが出るのではないかと心配されたが、幸か不幸か一一月二日は雨で外出できず、宿舎で休養をとることができた。

乗客は二等のみとし、運賃は約五割引の七円（正規運賃は一三円一四銭）で、「普通三等の往復賃金よりも更《さ》らに廉」であった。しかも、募集人員は「車中の混雑を避けん為《た》め」に乗車定員の約半数にあたる一五〇名に制限された。乗車券は新橋、品川、横浜の各駅で一〇月二六日から二八日までの三日間にわたって発売された。応募者は新橋駅一二三名、品川駅七名、横浜駅四三名の一七三名で、それに新聞記者一〇名が加わった。しかし、三名の棄権者が出たのでちょうど一八〇名となり、これに鉄道作業局の吏員五名（旅客掛二名、庶務掛三名）が乗車した。応募者が増えたため、さらに客車一両を連結し、ボギー車五両（一〇室）、食堂車一両、局用車（鉄道作業局専用車）二両の七両編成となった。局用車一両は、新聞記者のために供され、乗客にはつぎのような「注意書」が示された（前掲「京都回遊臨時列車」）。

一乗客各位は成るべく軽装を旨とし手荷物などは御携帯相成《な》らざる方御便利に有之候《これありそうろう》
但《ただ》し夜中は昨今冷気相加《あいくわ》はり候に付《つき》毛布其他の防寒具御携帯相成度候《あいなりたくそうろう》
一回遊列車には食堂車を連結致置候に付飲食物御需用の便宜有之候
一京都駅にては御携帯品の一時預りを為し御回遊の便宜に応ずるの設備有之候
一京都回覧の名所旧跡及び旅館の名称里程等は取調の上一の案内記を作り御乗車の際夫々《それぞれ》進呈する筈に有之候
一御宿泊相成るべき旅館等へ前以て御申込の必要有之候時は旅客掛へ御申出相成度左《たくさ》すれば同掛より電報を以て御指名の旅館へ通知方御取計可致候《おとりはからいいたすべくそうろう》

「注意書」では、まず旅行に際しての服装に関して、軽装で手荷物などは携帯しないようにとしながらも、防寒具を忘れないようにと注意を促していた。また、回遊列車には食堂車が連結され、京都駅では携帯品の一時預かりのサービスがあった。そして、鉄道作業局では京都回覧のためのガイドを作成したり、宿泊を希望する旅館の予約を代行したりしてもくれた。なお、近江八幡の観光を希望するものは馬場駅で途中下車することができた。

応募者は商人、会社員、官吏、学生などで、東京では蛎殻町《かきがら》、兜町《かぶと》あたりの商人が多く、横浜では生糸《きいと》貿易商の店で働く店員が過半を占めていた。年齢では、二〇歳から五〇歳ぐらいまでの、いわゆる働き盛りのものが多く、女性や子どもは少なかった。なかには日本精製糖会社小名木川《おなぎがわ》工場の社員一一名、三井物産の社員五名などの団体もみられたが、二、三名一組で参加するものが多かった。また、一〇名ほどの西洋人の姿がみえ、女性客は二八名、一〇歳以下の子どもが七名であった。女性客の内訳は、四〇歳以上の中高年が三名、銀杏返《いちょうがえ》しの未婚の若い娘が三名で、そのほかは束髪《そくはつ》ないしは丸髷《まるまげ》の既婚者であった。女性や子どもの参加者が少なかったのは、回遊期間が短く、強行軍と思われたからであろう。また、華族など上流階級の参加者が少なかったのは、彼らはこのように忙しい旅行をしなくても、十分にゆとりをもった旅行を楽しむことができたからであろうと思われる。

食堂車は、どこの車両からも便利なように、列車の真ん中に連結されていた。精養軒（一八七二年創業のフランス料理の老舗）が運営し、晩餐（五〇銭）の献立はスープ、ビフテキ、フライ、コーヒー、ケーキ、朝食（二五銭）はトースト、ハムエッグス、コーヒーの洋食であった。当時、国府津《こうづ》〜沼津間、馬場〜京都間では、急行列車といえども食堂車は連結されていなかったので、箱根の山中で晩餐、逢坂山の隧道《ずいどう》内で朝食を、しかも精養軒の料理を食せるのは、なんともいえない贅沢のように思われた。

しかし、一八〇人の乗客に対して食堂車の座席が二六というのは、いかにも少なかった。混雑を避けるために、あらかじめ客車ごとに食事の時間を定め、乗客心得書《こころえ》にも記載して注意を促しておいたが、それでも規則どおりにはいかず、コックや給仕らが目をまわさんばかりの混乱を来した。国府津どころか、箱根を越えて御殿場あたりでようやく夕食を終えるという始末で、時刻は午後一時になろうとしていた。

鉄道作業局では回遊客の便をはかるため、旅客掛長の木下がみずから事前に京都に入り、柊家、俵屋、沢文《さわぶん》など旅館の主人を招いて宿泊料金を同一にし、茶代（心づけ、チップ）を廃止するよう交渉し、京都駅には案内掛を開設して掛員を一人おくことにした。掛員は、乗客とともに列車に乗り込み、いちいち宿の有無を聞いてまわり、決まっていない場合には前記の旅館を紹介した。

ところで、乗客のすべてが京都駅で降りて京都観光を楽しんだわけではなかった。馬場駅で下車したもの二十余名、京都駅から奈良駅に向かったもの十余名、大阪に向かったもの五、六名、京都鉄道（現・JR嵯峨野線）で嵯峨野に向かったものが二十余名おり、京都駅で降りたのは一二〇〜一三〇人ほどであった。宿泊者の旅館別内訳は、柊家三一名、俵屋一六名、沢文八名、中村楼五名、月の家六名、都ホテル五名、京都ホテル六名、菊岡屋六名、萬《よろず》屋四名、小川亭三名、木徳三名、合計九三名であった。そのほかの乗客は親戚や知人宅に宿泊したようである。

京都に到着した一一月二日は雨だったので、嵐山の紅葉（紅葉は三分程度）を愛《め》でに出かけたものもいたが、多くは旅館にこもり、夕方になって雨が止んでから新京極あたりを散歩して夜のにぎわいを楽しんだ。なかには祇園に繰り出して豪遊したものもおり、そのため一力《いちりき》（祇園でももっとも由緒のある「お茶や」）などは宵の口から満員となり来客を断るほどであったという。

三日は晴天に恵まれ、東山、嵐山、高雄などに紅葉狩りに出かけるものが多かった。高雄では昼時に地蔵堂の掛茶屋でビールと肴《さかな》で東京流の遊びをするものが二、三組いたという。また、西洋人のなかには京都から神戸の福原まで足をのばすものもいた。

国有化後最初の回遊列車

木下淑夫が一九〇四（明治三七）年に欧米留学に出発すると、官設鉄道（国有鉄道）の回遊列車は中断された。回遊列車が復活するのは、一九〇七年に木下が帰国してからであった。一九〇八年一月一日、木下の新構想のもと、横浜～山田間に伊勢参宮列車が運行された。伊勢参宮列車は、横浜貿易新報の主催で、定員は三等客四〇〇名であった。

この頃、国鉄では回遊列車については、催行人数は最小限三等四〇〇名（職工、工員などでは六〇〇名）、二等三〇〇名、運賃は季節や距離の遠近などにより通常よりも三～五割引とし、臨時列車を編成して運行することにしていた。時期では、二～三月、六～八月の閑散期を選び、一九〇八年の実績は、運行回数八一、輸送人員四万五九名に及んだ。

一九〇八年一二月、国鉄の官制改革によって回遊列車の事務は、すべて地方管理局が行うことになった。その結果、一九〇九年の実績は一九〇八年を大きく上回り、中部管理局扱のものだけでも、六七回、三万二〇〇〇名にのぼっている。木下は、一九〇九年一二月に各管理局にあてて「廻遊旅行の社会及び経済上の利益」という文書を送った。

それによれば、鉄道による「団体乗車」は「経済的にして且《か》つ簡便」であるが、鉄道国有化前は鉄道局と私鉄の「局社対峙」による「賃金の不同、連絡輸送の煩雑」などの理由から、「一般世人」

は「長距離団体旅行を厭《いと》うの念」を深くしていた。しかし、国有化後「賃金は統一せられ、輸送の方法が簡単敏捷」となったので、一九〇八年の春以来、国有鉄道は「この種団体の勧誘を為すには好機」であるとみなし、「旅客閑散の時期を利用し」て「団体乗車」の勧誘に努めたのである。すなわち、「普通団体割引以外に特種の割引方法を定め、各遊覧地の廻遊、若《も》しくは神社、仏閣参拝団体輸送の見込ある土地に対し輸送方法の利便を図り、遊覧の案内其他各旅行地に於ける宿泊の周遊等、出来得る限り鉄道自ら斡旋の労をと」ってきた（前掲『国鉄興隆時代――木下運輸二十年』）。

木下淑夫の「団体乗車」論

それでは、木下淑夫は「団体乗車」にどのような意義を見出していたのであろうか。木下は、団体乗車の方法」を発達させなければならない理由について、つぎのように述べている（前掲『国鉄興隆時代――木下運輸二十年』）。

惟《おも》うに、団体乗車の方法を発達せしむるの必要は、単に余剰ある輸送力を利用して収入の増加を企画するに止《とど》まらず、平素汽車旅行を為し得ざる比較的下層の人をして、費用の低廉と旅行の安全とに信頼せしめ、都市の遊覧、視察、神社、仏閣の参拝等をなさしめ、これに依《よ》りて、東西人情風土の差異を察し、一面に物資集散の概況を知らしむるは、洵《まこと》に国民一般の知見を啓発し、延《ひ》いては殖産興業の一助とも相成《あいなる》べく、若《も》しそれ各種工場、製造所の如《ご》き常に烟塵堆裡に身心を労する職工等をして、低廉なる団体旅行の方法に依《よ》りて天空海濶の楽天地に逍遥せしめ、一日の清遊を擅せしむる如《ごと》きは、最も公衆衛生の本旨に敵い、啻《ただ》に彼等に一時の慰安を与うるのみならず、飲食に徒費する金銭を善用せしむると共に、延いて善良なる風習を馴致する一因ともなり、其《その》効果は蓋《けだ》し、社会上、経済上に至大なる利益があると思う。

このように木下は、「団体乗車の方法」を発達させて「費用の低廉」「旅行の安全」を実現し、「汽車旅行」などとはあまり縁のない「比較的下層の人」に「都市の遊覧、視察、神社、仏閣の参拝」などをさせようと考えたのである。回遊列車は、このような「団体乗車」の構想を実現したものであるが、一九〇八年の春に初めて実施して以来「各地に於《お》ける応募申込非常に好況を呈し」ていた。

ところで木下にとって、鉄道の車内は公共の場であった。木下は、「鉄道は公共の運輸機関にして、汽車旅行は客室内に於ける乗客の共同生活である」ので、「汽車旅行の際乗客は互に公徳を重んじ共同生活上の調和を図り、以て各自の快感を保持せんことを望む」として、乗客に公共の秩序をみださないよう、こと細かな注意を与えている。木下は、欧米先進国でみてきた乗客のマナーを日本でも確立させたいと考えて呼びかけたのである。それは、以下のようなものであった。

①乗降のさいには降車を優先する。
②座席をかってに占有したり、制限以上の手荷物を持ち込んだりしない。
③老幼婦女には席を譲る。
④新婚の夫婦や兄弟姉妹などと隣り合わせたときには席を譲る。
⑤車室の「清潔に注意」する。
⑥車窓の開閉については互に譲り合い、他人の迷惑にならぬようにする。

⑦車内では、他人の迷惑になるような行動は慎む。
⑧車内は公共の場なので、服装などにも注意する。
⑨列車給仕への心づけは廃止する。

これらは、木下が欧米先進国で学んできたことである。しかし、日本に来る外国人のなかにも、車内を公共の場とわきまえないようなものがいた。木下は、外国人にも注意を喚起するが、鉄道職員は「貴賤男女を問はず、公平平等に取扱」わなければならないので、外国人に対しても親切にもてなさなければならないとする。そして最後に、出札や改札のさいにおける、上野駅や新橋駅での混乱を「堅く前後の順序を重んじ、常に後の雁が前の雁を追越す如き無作法を為さゞると共に、無用の混雑を起し、為に我も人も迷惑することを避けたい」としていた（木下淑夫「汽車中の共同生活」『実業界』第三巻第六号、一九一一年）。

コラム　私鉄各社の集客戦略

大阪〜名古屋間で官設鉄道と熾烈な競争を演じていた関西鉄道にとって、一九〇三（明治三六）年に大阪の天王寺《てんのうじ》で開催された第五回内国勧業博覧会は、絶好のビジネスチャンスであった。博覧会の会場は、関西鉄道の天王寺、今宮の両駅に近接していたが、会場の正門まではなお幾分かの距離があった。そこで関西鉄道は、博覧会事務局と協議を重ね、天王寺駅から六七チェーン五〇リンク（一三五〇メートル）の支線を敷設して博覧会の会場内に停車場を設け、観覧者の乗降や出品貨物の運搬に便宜をはかった。また、湊町駅、天王寺駅および博覧会駅から山田を経て名古屋方面にいたる、低廉な「回遊切符」を発売し集客に努めた。さらに、関西鉄道は他社と連帯協調し、乗車賃を割引くとともに、鉄道案内所を設けて発着時刻の掲示、乗車券の発売、各地遊覧の説明などのサービスを行った。

博覧会は、一九〇三年三月一日から七月三一日までの一五三日間にわたって開催され、五三〇万人ほどの入場者を集めて成功裏に幕を閉じた。内国勧業博覧会の開催に乗じた関西鉄道の集客戦略も見事に成功し、内国勧業博覧会開催期間中の乗客収入は、前年同期よりも四〇九万九四二〇円ほどの増収となった。

南海鉄道も、博覧会場の正門付近に臨時停車場を設け、博覧会場と堺水族館を往復するものや和歌山からの来館者などの利便をはかった。さらに、運賃割引を実施するほか、博覧会場の正門前に旅客案内所を設け、複線の敷設、停車場および乗降場の改築・拡張、車両の増加、列車の増発、線路の修繕などを行った。また、外国人の来館者には通訳を配置して便宜をはかった。

一九一〇年三月から六月までの九〇日間、名古屋市の鶴舞《つるまい》公園で第一〇回関西府県連合共進会が開催された。共進会とは、産業を振興するため物産や製品を集めて展覧して品評する会で、明治期から頻繁に行われていた。連合共進会の会場は、名古屋駅および熱田《あつた》駅から三六町（約三九二七メートル）、千種《ちくさ》駅から一五町（約一六三六メートル）の位置にあった。鉄道会社は、車両を増備して輸送力の充実をはかるとともに、名古屋駅では待合室の拡張、出札所の改築・構内設備の改善などを施した。共進会場には鉄道営業所が新設され、乗車券の発売ならびに手荷物発送の取り扱いを行った（前掲『本邦鉄道の社会及経済に及ぼせる影響』上巻）。

コラム　山陽鉄道の食堂車

瀬戸内海の海運と激しい競争を展開していた山陽鉄道は、徳山〜門司《もじ》間に連絡汽船を運行し、本州と九州との間の車船連絡の便をはかった。所要時間をみると、神戸〜門司間一六時間、大阪〜門司間一七時間一二分、京都〜博多間二二時間五〇分、東京〜長崎間四七時間三〇分であった。また京都・大阪・神戸〜門司間、広島・横川・己斐《こい》〜門司間の車船連絡割引切符（二割引）も発売した。

山陽鉄道では、一八九九（明治三二）年五月から食堂車を京都〜三田尻《みたじり》（現・防府）間の急行列車に連結し、洋食のサービスを始めた。食堂車の経営は神戸の自由亭ホテル（みかどホテルの前身）が請け負い、メニューには「スープ」「フライド・フキシュ」「ハムエンドエッグス」「オムレット」「エッグス・ツー・オーダー」「ビーフ・ステーキ」「チキンカツレツ」「コールドミート」「カレー・エンド・ライス」「プッディング」「サンドウキッチ」などがあった（ただし、一九〇三年からは山陽鉄道の直営となった）。

京都〜三田尻間は約五〇〇キロで、所要時間は現在の新幹線ならば二時間半程度であるが、当時は片道約一三時間であった。通常の飲食ならば二食分が必要であった。山陽鉄道の食堂車は、一等座席室と食堂部が一体となった「一等食堂合造車」で、利用者は一等車の乗客であった。なお、成田鉄道で喫茶室が設けられたことは先に述べたが、日本鉄道、九州鉄道、讃岐《さぬき》鉄道（のち山陽鉄道に合併される）などでも食堂車が運行され、南海鉄道では喫茶室の設備をもつ客車が走った（茂木信太郎・影山浜名「食堂車の歴史と展望」『ホスピタリティ・マネジメント』第四巻第一号、二〇一三年）。

山陽鉄道では一九〇〇年四月から一等寝台車の使用を開始し、一九〇三年には日本鉄道にも寝台車が導入された。官設鉄道でも同じ頃に一等寝台車を急行列車に連結し、食堂車の使用も始めた。食堂車や寝台車は、当初は一等車、二等車にかぎられていたが、次第に三等車にまで拡大された。

第三章　湯治場から温泉観光地へ

1　草津温泉と草軽電鉄

温泉観光地の成立

日本の観光地形成において、温泉地の占める位置は著しく高い。観光地の形成・発展は、温泉資源の存在の有無とその利用の仕方いかんにかかっているといってもよいほどである。その証拠に、今でも毎年、ＪＴＢ・近畿日本ツーリストなどの旅行会社やじゃらんｎｅｔ・楽天トラベルなどのネットエージェントなどによって、「にっぽんの温泉一〇〇選」の投票がなされている。ちなみに、二〇一六年の「にっぽんの温泉一〇〇選」の第一位は草津温泉で、一四年連続の栄誉となった（『週刊観光経済新聞』二〇一六年一二月一七日）。

観光地理学者の山村順次によれば、温泉地の発達過程は、一般に①病気治療を第一の目的とした療養温泉地（湯治場）、②病気予防・健康保持を目的とするが、レクリエーションの場としての機能をあわせもつ保養温泉地、③観光レクリエーション活動の宿泊基地としての性格を強くもち、療養・保養温泉地に比べて、温泉そのものの意義は二次的なものとなる「観光温泉地」、という段階をたどる。

熱海や別府は、いまや全国有数の温泉観光地に成長したが、大正中期までは保養地的機能も備えており、いまだ湯治場としての色彩が強かった。慰安を目的とする温泉観光地へ転換したのは大正末期から昭和初期のことで、大都市において観光需要が勃興し、温泉地と大都市とを結ぶ交通機関の発達がみられてからであった。鬼怒川《きぬがわ》温泉は新興の温泉観光地で、大正期に小規模な温泉集落が形成されたのに始まるが、昭和初期に根津嘉一郎《ねづかいちろう》の率いる東武資本が進出して以来、外来資本による交通網の整備、温泉開発、観光施設の充実がはかられた。また、伊東など多数の新興温泉地がみられる伊豆半島では、第二次世界大戦後、中央観光資本の進出が顕著となった。一方、伊香保温泉は伝統的な温泉地で、地元有力旅館が温泉や土地を独占して外来資本を排斥しつづけてきた。熱海も伝統的温泉地であったが、明治初期に地元資本による旧慣温泉体系が崩壊し、外来資本の積極的な進出のもとにいち早く観光地化の道をたどった（浅香幸雄・山村順次編著『観光地理学』大明堂、一九七四年）。

草津温泉は、群馬県の北西部、長野県境に近い白根山の麓の標高一二〇〇メートルの高地で、交通不便な山間地に位置している。しかし、豊富な温泉量と硫化水素臭の強い強酸性の温泉として知られ、特異な湯治効果もあり、近世以来、全国有数の温泉地としての地位を保ってきた。戦後の高度経済成長期の一九六〇年代頃までに伊香保や水上など群馬県内の有力温泉地が観光地化・歓楽街化したのに対して、草津は相変わらず治療・保養温泉地としての機能を強くもち、その特性は今日まで引き継がれている。

しかし、一九八七（昭和六二）年の総合保養地域整備法（リゾート法）の制定以来、草津では大規

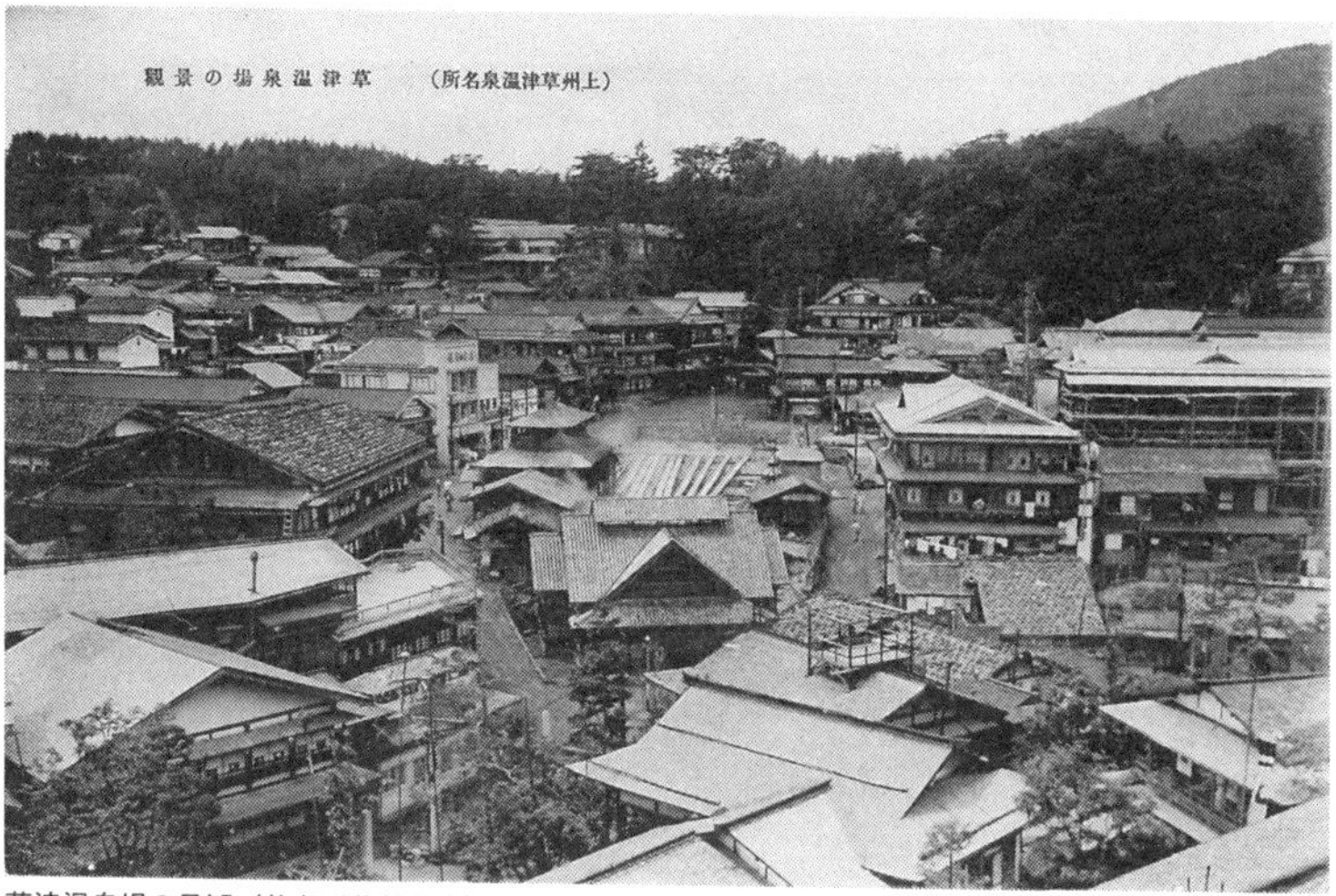

草津温泉場の景観（著者所蔵絵葉書）

模な観光開発が進み、伝統的温泉集落と新興高原リゾート集落が地域的に機能分化し、草津温泉の性格が多様化した。すなわち、草津温泉は、①自然観光資源（白根山の湯釜、ナナカマドの紅葉、クマザサ・シャクナゲの群落、種々の高山植物、カラマツ林）の豊富な観光地、②スキー場の拡大などによる新しい温泉リゾート地という性格を合わせもつようになったのである。注目されるのは、観光開発の担い手が草津の大源泉である湯畑周辺の、伝統的な有力旅館の経営者たちであった点である（草津町誌編さん委員会編『草津温泉誌』第弐巻、一九九二年）。

ベルツが絶賛した草津の湯

草津温泉には、僧行基《ぎょうき》開湯説と源頼朝開湯説があり、江戸期には湯治場として一定の発展をとげていた。将軍や大名をはじめとする武士階級から、農民・商人・職人などの庶民にいたるまで、あらゆる階層の人びとが草津へ湯治に訪れるようになった。江戸期には、山中温泉、熱海温泉、有馬温泉、箱根七湯などが湯治場として発展していたが、なかでも草津温泉は温泉番付で常に最高位の東の「大関」にランクされていた。

草津温泉は、一八六九（明治二）年の大火によって全焼し、新たな経営者のもとで再建され、八〇年には旅籠《はたご》屋三四軒、穀類店二〇軒、日用雑貨店四四軒、損料店一六軒などが軒を並べていた。自炊形態の長期滞在湯治客が多く、一八八七年の入湯客数は二週間以上の長期滞在者が五〇〇〇人、延七万人以上に達し、一～二泊の短期滞在者は五〇〇〇人、延七〇〇〇人であった。山幸旅館の一八八四年の宿帳《やどちょう》によると、群馬県（三〇パーセント）、埼玉県（二九パーセント）、東京府（一一パーセント）などからの湯治客が多かった（前掲『草津温泉誌』第弐巻）。

一八八〇年当時の温泉場絵図によると、二階建ての「せがい」造り（側柱の上部から腕木をのばして棚を造る）の旅館が建ち並んでいるが、ほかに「白旗の湯」「瀧の湯」「関の湯」「凪の湯」「玉の湯」「瑠璃の湯」「仁川の湯」などの共同浴場があった。また、明治初年に「時間湯」の入湯法が採り入れられ、草津は「病気治療の場」としての性格をますます強めた。時間湯とは、湯長の指揮・号令にしたがって、毎日午前七時、一一時、午後三時、七時の四回、毎回三分ずつ時間を決めて規則的に入浴するというもので、松の湯（東仲町）、熱の湯（西仲町）、鷲の湯・千代の湯（瀧下町）、地蔵の湯（地蔵町）などで行われていた（戸丸国三郎『草津案内』日本温泉協会代理部、一九二八年）。

一八七六年に東京医学校（一八七七年に東京大学医学部と改称、帝国大学医科大学、東京帝国大学医科大学を経て、現・東京大学医学部）の教師として来日し、日本の近代医学の発展に大きな貢献をはたしたドイツ人のエルウィン・ベルツは、日露戦争勃発直後の一九〇四年九月に草津を訪れ、「草津には、無比の温泉以外に、日本で最上の山の空気と、まったく理想的な飲料水がある。こんな土地が、もしヨーロッパにあったとしたら、カルルスバードよりもにぎわうことだろう」と、草津温泉の泉質と飲料水や空気をチェコの首都プラハの西方にある世界的な温泉観光地カルルスバードをしのぐものと絶賛した。そして、「来年帰国するのでなければ、自身で療養所を建てるのだが。この温泉の特異な効力が知れわたれば、あらゆる国の人々がやって来ることは確実だ」と、草津の観光地としての将来性も高く評価した（トク・ベルツ編・菅沼竜太郎訳『ベルツの日記』下、岩波文庫、一九七九年）。

しかし、問題は草津温泉までの道のりにあった。一八八七年の「温泉場改良意見書」が「第一道路険悪ニシテ東京横浜ヲ始メ武蔵相模両総安房常陸上野下野地方ヨリ来タリシニ沢渡リ通リ暮坂峠、小雨峠等ノ難所アリ」と述べているように、東京、神奈川、埼玉、千葉、茨城、群馬、栃木などの諸府県から草津温泉に行くには、暮坂峠や小雨峠などの「難所」を通らなければならなかったのである。

旅館主たちの草津軽便鉄道

一九〇二（明治三五）年刊行の片山友彦『勝境名区遊覧案内』（大倉書店）は、渋川から草津温泉までの道のりについてつぎのように述べている。

渋川より此地《この》に来る順路を記せば、一は中之条《なかのじょう》より沢渡温泉を経て暮坂峠を越えて行くもの、一は中之条より川中、川原湯道を行きて長野原に至り、夫《そ》れより右折して北に向ひて行くものの二道あり、沢渡道に依《よ》れば渋川より沢渡まで人力車を走らせ、夫れより六里は道険峻なるを以て駕籠を僦《やと》ふを便利となす、川原湯道に依れば渋川より一五里廿丁にて前者よりは遠きこと一里なれど道稍平坦にして人力車を通じ、其《その》賃金は二円三、四〇銭と見て可なれども、途中川原湯か川中湯等にて一泊するを便利となす

同書によれば、渋川から草津温泉に出るには、中之条から沢渡温泉を経て暮坂峠を越えていくルートと、中之条から川中、河原湯道を進んで長野原に出るルートがあった。渋川から沢渡までは人力車を走らせることができるが、その先は道路が険峻なため駕籠を利用するしかなかった。川中、河原湯道を利用すれば、沢渡経由の道よりも距離は長くなるが道路が平坦なので人力車を利用することができる。河原湯（川原湯）温泉か川中温泉で一泊すればなおよい。

しかし、一八九三年に信越線が開通すると、佐藤曾平『草津町史』（一九三八年）が「此頃草津の営業状態は云《い》ふに曾《かつ》て交通盛なりし暮坂峠や渋峠道は信越線碓氷《うすい》峠の完通に淘汰され自然人馬の影疎遠となり独《ひとり》中之条通りは岩島経由の交通やゝ盛んなりしと雖《いえども》信越線完通前に比しては大なる減少であった」と述べているように、軽井沢・沓掛《くつかけ》経由ルートの利用者が増加した。

こうしたなかで、一九〇九年一月、黒岩忠四郎《ちゅうしろう》（望雲閣）、中沢市郎次《いちろうじ》（大坂屋）、市川善三郎（一井）、山本与平次（大東館）、黒岩誠一郎、湯本柳三郎（日新館）ら草津温泉の有力旅館主らによって草津興業株式会社（資本金二五万円）の設立が計画された。黒岩忠四郎は、草津泉水通りに仮工場を建設し、茅や笹を原料とする製紙パルプの製造に成功した。そこで、草津興業を設立して製紙業を興すとともに、原料や製品の運搬機関として、信越線の沓掛駅（現・しなの鉄道中軽井沢駅）から草津にいたる約二一哩（三三・八キロ）の軽便鉄道の敷設を企て、草津温泉への浴客の輸送にも

供することにしたいと考えたのである。「草津興業株式会社創立趣意書」（一九〇九年二月二三日）には、そのあたりの事情が「当会社創立ノ主眼ハ製紙及《および》製紙原料製造ニシテ、之《これ》カ運搬機関トシテ軽便鉄道ヲ敷設シ、其《その》余力ヲ利用シテ運搬ノ業ヲ兼営セントスルニアリ、其理由左ノ如《ごと》シ」として、つぎのように述べられている。

運輸兼営ノ利ナル所以《ゆえん》ハ世界既ニ事業ト交通ノ関係ヲ了知セラル、ヲ以テ細述スルノ要ナシト雖《いえど》モ、現在ノ通路ハ不便ニシテ駄送ニヨルノ外《ほか》ナク運賃モ亦《また》多額ヲ要スルカ故《ゆえ》ニ新《あらた》ニ草津、沓掛間ニ軽便鉄道ヲ設備シ、一ハ貨物ノ運搬ヲナシ以テ地方産業ノ発展ヲ促シ、一ハ旅客往復ノ用ニ供シ以テ衆庶ノ利便ヲ謀《はか》ラハ自他共ニ益スヘク、殊《こと》ニ近年草津、川原湯、鹿沢《かざわ》、万座《まんざ》、等附近ノ温泉ニ遊フモノ及雑貨ノ出入スルモノ益々《ますます》多キヲ以テ、鉄道開通ノ上ハ同地方ノ繁栄ト進歩トハ驚クヘキ勢ヲ以テ一躍世界ノ遊園地タル敢《あえ》テ夢想ニアラサルナリ、果《はた》シテ然《しか》ラハ本会社ノ徳亦《また》偉大ニシテ直接間接ニ利スル処豈夫《あにそ》レ尠《すくな》シトセンヤ

このように草津興業設立の主眼は製紙および製紙原料の製造にあり、軽便鉄道の経営は、いわばその余力をもって営む兼営事業であった。しかも、貨物の輸送が第一で、沓掛から草津、川原湯、鹿沢、万座などの温泉への浴客の輸送はそのつぎであった。ところで、草津町が成立したのは一九〇〇年七月で、初代町長には山本館の主人市川久三郎が就任した。そして、一九〇二年には望雲閣の黒岩忠四郎が三六歳の若さで第二代町長となり、その後も市川善三郎・山本与平次・中沢市郎次と、有力旅館主が町長を歴任した。

小瀬温泉～長日向間の柳川鉄橋を渡る草軽電鉄（思い出のアルバム草軽電鉄刊行会編『草軽電鉄の詩』〔郷土出版社、1995年〕より）

軽便鉄道の敷設については一九一〇年四月に特許されたが、日露戦争後の不況のなかで株式募集が進捗せず、事業は暗礁に乗り上げかけた。発起人から、鉄道事業と製紙事業を切り離すべきだという意見が出たため、一九一二年九月一七日には社名を草津軽便鉄道（資本金七〇万円）とし、九月二八日に帝国鉄道協会で創立総会を開いた。

軽便鉄道に対しては、軽便鉄道補助法（一九一〇年八月公布）によって年五パーセントの配当補助がなされていたが、草津町では、一九一二年三月、草津鉱泉取締所が同鉄道に対し、①営業開始より五年間にわたって、配当率が七パーセント以下のときは二パーセントを限度の補助をする、②六～一〇年目においても、配当率が七パーセントに達しないときは五パーセントを限度に補助をする、③草津町内の土地六万坪を無償で提供する、などの決議をした。草津鉱泉取締所の評議員は、山本与平次、中沢市郎次、黒岩忠四郎らをはじめとする草津温泉の老舗旅館の主人たちであった。また、草津鉱泉取締所は、一九一二年九月、草津町内の土地約六万坪を一三年一〇月二〇日までに無償で譲渡することにした。

草津軽便鉄道は、一九一三（大正二）年一一月二五日に起点の新軽井沢で起工式を挙行し、一五年七月二二日に新軽井沢〜小瀬《こせ》温泉間九・九キロが開業した。当初、起点には沓掛を予定していたが、地元民の要請もあって新軽井沢に変えられたのである。

草津温泉への乗り入れ

草津町では、一九一四（大正三）年一二月、黒岩忠四郎、中沢市郎次ら草津町の有力者が鉄道速成同盟会を組織して草津軽便鉄道の敷設を支えた。彼らによれば、草津温泉の浴客が減少し、草津町の財政も振るわなくなっているが、その原因は一にも二にも「交通機関ノ備ハサル」ことにあった。したがって、「之《こ》レガ（交通…引用者）機関ノ完備ヲ計ルハ吾々本（草津…引用者）町民ノ当然ノ義務」であった。草津軽便鉄道は、創立満二年を迎えて路線は吾妻《あがつま》牧場にまで達しようとしている。しかし、草津町の発起人が引き受けた株金の払込みが進まず、事業の進行が阻害されている。草津町民の有志は、このような状況を「何ソ黙視スルニ忍《しの》ンヤ相協シ相固シ以テ其《その》力ヲ大ニセバ此《この》危機ヲ回復シ速《すみやか》ニ鉄道ノ成功ヲ期スル」として鉄道速成同盟会を組織したのである。そして、各旅館は、滞在七日以上の旅客一人に対し、一等一円五〇銭、二等一円、三等八〇銭、四等六〇銭、五等四〇銭、六等二〇銭と、等級に応じて積立金を徴収することにした（発起者「鉄道速成同盟会趣意書」一九一四年一二月三日）。草津軽便鉄道は、一九一七年七月に小瀬温泉〜吾妻間（一八・三キロ）が開業し、吾妻駅が草津温泉への入口となり、浴客はここから櫓馬《やぐらうま》に乗って草津温泉をめざすようになった。

一九一九年には草津軽便鉄道設立の立役者であった黒岩忠四郎が取締役を辞任し、中沢市郎次が監査役となった。同年一月の株主名簿によれば、草津軽便鉄道の株主数は二四九人、総株数は一万四〇〇〇株であった。そのうち草津町民は、株主数で一三・七パーセント（三四人）、株数で八・九パーセント（一二四〇株）を占めていたが、町民の株数の約八割は黒岩忠四郎（三三四株）、中沢市郎次（二四四株）、市川善三郎（一九八株）、山本与平次（一一二株）、湯本柳三郎（一〇二株）らの有力旅館の経営者によって所有されていた（前掲『草津温泉誌』第弐巻）。

そして、一九一九年一一月には吾妻～嬬恋間《つまごい》（八・五キロ）が開業したが、二四年二月には社名を草津電気鉄道と改称し、同年一一月に新軽井沢～嬬恋間（三六・八キロ）を電化開業した。嬬恋駅から草津温泉までは自動車道路が整備されており、草津電気鉄道の「旅客ノ増加ハ草津温泉ノ浴客増加ヲ示スモノ」といわれた。したがって同鉄道の電化は、「旅客ノ便益多大ニシテ東京上野一番列車発ニテ午後三時頃到着スベク為《た》メニ浴客ノ増加ハ測リ知ルベカラザルモノアルベク鉄道ノ収入ハ益《ますます》予期以上タルモノアルハ明白ナリ」と期待された（草津電気鉄道「草津電気鉄道株式会社増資優先株募集説明書」一九二四年三月）。

草津電気鉄道は、電化にあたって一三〇万円（二万六〇〇〇株）の株式を、①一〇年間にわたる七パーセントの優先配当、②地蔵川駅・吾妻駅周辺別荘地の無償譲渡という特典をつけて募集した。その結果株式総数は、旧株一万四〇〇〇株に新株が加わり合計四万株となった。株主総数は五四三人で、新たに一三九人の草津町民が加わり、全体の三〇・九パーセントを占めた。しかし、草津町民の持株数は概して少なく新旧株主を合わせても三四二七株、株主総数の八・六パーセントにすぎなかった（前掲『草津温泉誌』第弐巻）。

その後草津電気鉄道は、草津町に三五万円の補助金の支出を求め、町長の中沢市郎次との間に、草津鉱泉取締所・草津温泉鉄道同盟旅館および草津町が草津電気鉄道に、①配当金補償として三万円を支払う、②土地と、そこへの飲料水・温泉引湯の権利を譲渡する、③草津までの鉄道が全通したら、五万円を一〇か年賦で支払う、④草津町停車場付近に一万坪の土地を無償提供する、という契約を締結した。そして、一九二六年八月に嬬恋～草津前口間（一一・九キロ）、九月に草津前口～草津温泉間（六・八キロ）が開業し、新軽井沢～草津温泉間五五・五キロの全線が電化開業するにいたった。全線開業によって、一九二六年の乗客数は前年度比三八・二パーセント増の一二万八九三二人となった。

上野からの所要時間をみると、一九二五年には上野駅を午前七時二〇分発の信越線の列車に乗ると、軽井沢駅には一二時一四分に着いた。草津電気鉄道に乗り換え、新軽井沢駅を一二時四五分に出ると嬬恋駅には午後三時二二分に着いた。ここまでの所要時間は八時間、運賃は上野～軽井沢間三等二円五銭、新軽井沢～嬬恋間三等一円三八銭、合計三円四三銭であった。草津電気鉄道が草津温泉駅まで路線を延長したのちの一九三〇年には、信越線上野発七時五分の列車で軽井沢駅にお昼前の一一時五八分に着き、そこで新軽井沢駅一二時二〇分発の草津電気鉄道に乗り換えると、嬬恋駅には午後二時二九分、終点の草津温泉駅には三時三四分に到着するようになった。所要時間は八時間三〇分、運賃は上野～軽井沢間三等二円八銭、新軽井沢～草津温泉間三等二円七六銭であった（前掲『草津温泉誌』第弐巻）。

スキー客の誘致

草津電気鉄道の一九三〇年上期における客車収入は、「一月ヨリ三月ニ亘《わた》リ草津ニスキー客ヲ誘致」したため六万六一七一円を記録し、前年同期比一六パーセントの増収となった（草津電気鉄道

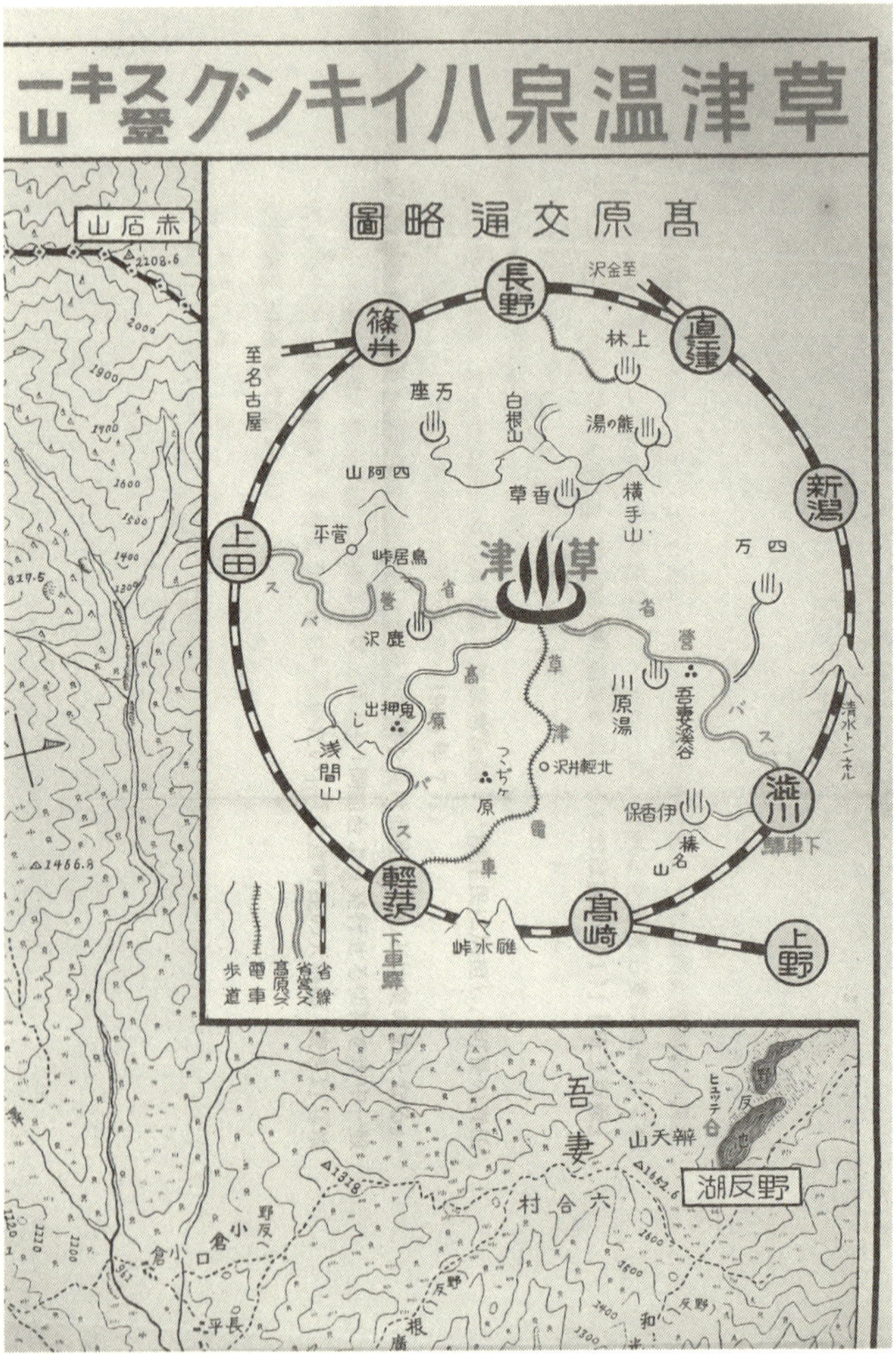

草津温泉ハイキングスキー登山
高原交通略圖
赤石山
長野
篠ノ井
直江津
新潟
上田
軽井沢
高崎
上野
渋川
至名古屋
至金沢
上林
万座
白根山
熊の湯
香草
横手山
四阿山
菅平
鳥居峠
鹿沢
草津
四万
川原湯
吾妻渓谷
鬼押出し
浅間山
北軽井沢
伊香保
榛名山
碓氷峠
清水トンネル
下車駅
省線
省営バス
高原バス
電車
歩道
吾妻
野反湖
辯天山
六合村
ヒュッテ

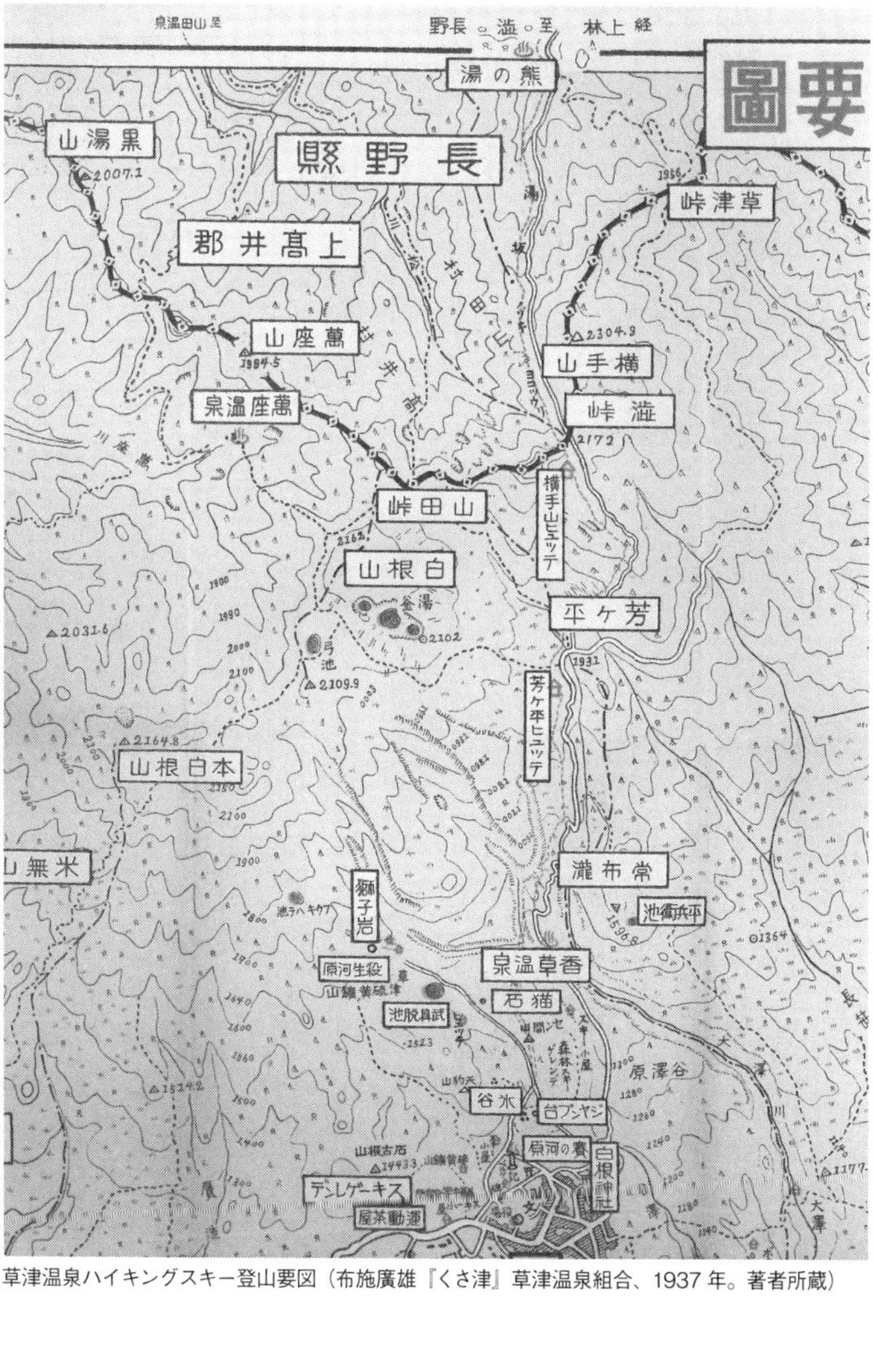

草津温泉ハイキングスキー登山要図（布施廣雄『くさ津』草津温泉組合、1937 年。著者所蔵）

『第一九回営業報告書』一九三〇年一～六月)。草津電気鉄道の積極的なスキー客誘致策により、「若《も》し夫《そ》れ冬季スキーの練習地としては関東を通じて恐らく草津の右に出《い》づるの土地はあるまい」といわれるまでになった。こうして、「一般に療養温泉とのみ世に知られてゐた草津温泉」は、いまや「健康地として将又《はたまた》遊覧地として絶賞」され、「一ヶ年を通じて此《こ》の地に足を入れる浴客は実に五十万人を超えるの盛況」となった。草津温泉は、「草津行電車の開通前は軽井沢より乗馬にて一日を要した」が、草津電気鉄道全通後は「東京より優に日着し得らるるに至」ったのである(草津電気鉄道「上毛草津温泉別荘地案内」一九三八年六月八日)。

草津温泉は、大正期にスキーを導入し、昭和初期にはかなりのスキー客が訪れるようになった。それにつれて、宿泊客数も増加し、一九一八(大正七)年には一七万人であったが、三九年には三二万人となった。スキー客が宿泊できる旅館は、望雲閣、大坂屋、大東館、松村屋などの伝統的な旅館であった。布施《ふせ》廣雄『くさ津』(草津温泉組合、一九三七年)によれば、「草津は最近、専門スキー家に其《そ》のスロープと雪質を認められ、忽《たちま》ちの中に日本有数のスキー場となってしま」い、シーズン中には群馬県スキー大会、スキー運動会、スキー仮装大会などの催しが行われ、初心者向けのスキー講習会なども開かれていた。また、鉄道省編『温泉案内』(博文館、一九四〇年)に「ここはこれまで純湯治場のやうに思はれていたのであるが、最近は遊覧地としての施設も整って居《お》り又冬はスキー場の適地としても知られている」とあるように、草津は、療養向けの温泉地から温泉観光地へと変化しつつあったのである。

なお、草津電気鉄道は、一九三九年四月二八日に草軽電気鉄道と社名を変更し、本社を軽井沢町から東京市に移した。そして、一九四五年四月一日に東京急行電鉄の系列下に入った。

鉄道開通の光と影

草津軽便鉄道の開業によって、草津温泉の浴客数は確かに増えた。しかし、それが直ちに草津温泉の旅館の繁栄をもたらしたわけではない。望雲閣の主人黒岩忠四郎の著した『十五ヶ年計画の草津温泉』（一九三三年）によれば、浴客数は増えたものの、同業者も増加したので、収支の償なわない旅館の数が増えているのである。

通常の温泉地では、温泉の湧出口が限定されているので、旅館の数は制限され、開業したくてもできない。しかし、草津では「時間湯」という特殊な公設浴場があり、多くの浴客は時間湯に入浴するのを目的として訪れるので、旅館に温泉風呂を設備しなくても、宿泊客を獲得できる。そのため旅館の数が増え、宿泊料金の値下げ競争が激化し、負債の増加に悩む旅館が続出した。中沢町長の試算によれば、負債額は総額九八万余円にものぼっている。黒岩は、この負債は「鉄道開通前後から追々《おいおい》増大して、利は利を生むに至」った結果であると分析している。

これまで、草津では「交通の利便、建造物の改造、文化施設の増置等」にのみ重きを置いてきた。黒岩によれば、これだけのことなら極めて簡単で、「先《ま》づ経済的に劣勢な吾々が土地の因縁から一切放逐されて、都会の資本家に一切を捧げれば良い」だけのことである。そうすれば、「都会の資本家は驚くべき速力を以て、直ちに草津の外形を変へて終《しま》ふだらう。そこには所謂《いわゆる》箱根式の美しい建築が立並《たちな》らび、道路、公設浴場等又敏速に改善されて、草津は外形上全く面目を一新して新粧を整へること」になる。こうして、「或る意味に於《お》いて、草津は発展した」といえる。しかし、そこには「従来の吾々は放逐されて草津から段々と縁を切られて終《しま》」うという重大な問題があった。黒岩は、つづけてつぎのように述べる。

いくら草津が発展しても、理想通りの大草津になつても、吾々に縁が無くなつたのでは、吾々に何の楽もない。恐らく諸君と雖《いえど》も不満足に違ひない。要するに、草津あつての吾々であると同時に、吾々あつての草津なのである。草津は吾々の祖先から受け継いだ吾々の永久に生存すべき地域である。吾々を除外して草津が発展しても、それは吾々に何等《なんら》の効果もない。

黒岩によれば、「大草津発展」とは、「草津町民たる吾々の経済生活が、夫々《それぞれ》に安定を得て永久性を帯びること」であって、「所謂外形的の文化施設などは是《これ》に追従すべきもの」にほかならなかった。そして、経済生活を安定させるには「収入と支出の均衡」を実現することが重要で、「なるべく吾々の収入を増してなるべく支出を減じ」なければならないというのである。

かくて、黒岩忠四郎は、草津の旅館業者が「(個人本位の…引用者)競争と闘争の経済」から「協調と共栄の統制経済」に転換することを提起し、産業組合法に準拠した信用組合なり、重要物産同業組合の準則に準拠した同業組合なり、「地方長官の認可を必要とする強力なる組合」を結成し、結束しなければならないと同業者に呼びかけたのであった。

長野原線の開通と草津温泉の戦後

一九四五(昭和二〇)年一月二日、国鉄長野原線が開通した。群馬県吾妻郡六合《くに》村に群馬鉄山が開発され、鉄鉱石の輸送を目的として建設されたのである。長野原から群馬鉄山までは日本鋼管工業が専用線を敷設した。なお、同専用線は通称「太子線」と呼ばれ、戦後の一九五二年一〇月、国鉄線に編入された。

これによって渋川〜長野原間の所要時間が三時間一〇分から二時間となり、草津温泉への到達時間が大幅に短縮した。長野原線は、戦後、草軽電鉄から客を奪って、草津温泉へのメインルートとなった。なお、その後一九九七年一〇月に北陸新幹線高崎〜長野間が開通すると（北陸新幹線は二〇一五年三月に金沢まで延伸するが、それまでは長野新幹線と呼ばれていた）、東京〜軽井沢間の所要時間が一時間程度となり、再び軽井沢経由が草津温泉へのメインルートとなった。

一九四九年九月、草津高原一帯が「上信越高原国立公園」（第一五番目）に指定された。一九五〇年代に西武系資本が万座温泉から草津高原に進出を企てるが、群馬県や草津町の反対にあった。草津町は白根火山ロープウェイを開設して、地域社会に根差した観光開発策をとった。既設の天狗山スキー場に加えて、「逢の峰」「本白根《もとしらね》」「青葉山」のスキー場を開き、次々に町営リフトやロッジを開設してスキー場の充実をはかったのである。

ただし、西武系の国土計画興業株式会社は、本白根と弓池《ゆみいけ》地区にスキー場を開き、ロープウェイや火山博物館も開設した。また、南部地域のゴルフ場の開発をめぐって外来資本依存賛成派と反対派の対立が生じたが、反対派の新町長が誕生し、地元民の参加のもとに草津開発協会を設立し、前口、長野原の住民約六〇名の共有採草地六三ヘクタールを買収した。草津開発協会は、町長を理事長とし、資本金三〇〇万円（うち開発協会一五〇〇万円、地域住民一口二〇万円の出資で七五口分）で発足した。

高度成長期以降、草津町では高原地域の観光開発が行われた。旧来の湯畑周辺の温泉集落に加えて高原地域の観光開発が進展し、大規模なホテル、旅館やペンションなどの宿泊施設が新設され、スキーブームに乗って新たな客層を吸引するようになり、宿泊客数が急激に増加した。

一九六三年九月に草津温泉配湯株式会社が設立され、高原地域にも温泉を配給できるようになった。「草津温泉配湯株式会社設立趣旨」（一九六三年一月）には、「高原都市の開発には、相当な資金を必要とすることは当然であります。今後草津温泉が立派な高原都市として建設され、日本の代表的な観光温泉地となり、あわせて国際的な観光都市となるために、当社はますます鋭意努力をいたす覚悟でおります」と述べられていた。草津の温泉は強酸性のため、塩化ビニルの耐酸パイプが出現するまで、高原地域への配湯は難しかったのである（前掲『草津温泉誌』第弐巻）。

鉄道では長野原線が強化され、一九六七年四月に全線電化が完成し、急行「草津」、急行「白根」が運行を開始した。また、一九七一年三月には、長野原線延長線長野原〜大前間一三・三キロが開通した。一方、草軽電鉄の路線は廃止となった。まず、一九六〇年四月に新軽井沢〜上州《じょうしゅう》三原間三七・九キロ、一九六二年一月に上州三原〜草津温泉間の路線が廃止となった。草軽電鉄は、その後一九六六年五月に草軽《くさかる》交通と社名を変更し、バス事業を営むほか、ホテル、売店、ボーリングなどの観光・レジャー事業にも進出した。

以上のように草津温泉は、伝統的な旅館の経営者らの努力によって草軽電鉄などの鉄道が敷設され、湯治場から温泉観光地へと変貌をとげたのである。

2　箱根の観光開発と中央資本

福沢諭吉の新道開鑿論

草津温泉では、伝統的な草津の温泉旅館主が積極的に観光開発を進めていたが、同じく関東地方の有力な湯治場であった箱根の開発には、東急系・西武系（さらに、戦後には藤田観光など）などの中央資本が大きな役割をはたした。

ところで箱根とは、箱根山を中心とする広大な山岳地帯の総称である。湯本《ゆもと》村、温泉村、宮城野《みやぎの》村、仙石原《せんごくはら》村、芦ノ湯村、箱根町、元箱根村の七か町村からなり、第二次世界大戦後の一九五六（昭和三一）年九月の町村合併で現在の箱根町に統合された。箱根に温泉集落が成立し、いわゆる箱根七湯（湯本・塔ノ沢・宮ノ下・堂ヶ島・木賀・底倉・芦ノ湯）の名が確立するのは近世社会においてであった。江戸期の中頃、箱根は近在の農民に利用される小さな湯治場となり、後期には江戸からも湯治客を迎え、文人墨客も訪れるようになった。箱根でもっとも古い旅館とされる宮ノ下の奈良屋と富士屋（藤屋）は近世初期の開業であったが、寛永年間（一六二四〜四五）には湯本にも二軒の温泉宿があったとされている。また、文化八（一八一一）年刊行の『七湯の枝折《しおり》』によれば、堂ヶ島、宮ノ下に各五軒、塔ノ沢、底倉に各四軒、木賀に三軒、湯本に二軒の温泉宿があった。

福沢諭吉は、一八七三（明治六）年三月、塔ノ沢の福住《ふくずみ》旅館に逗留していた。そして、『足柄《あしがら》新聞』に「箱根道普請《ふしん》の相談」なる一文を寄稿し、「湯屋仲間」（旅館主）に対して、つぎのように湯本から塔ノ沢に通じる新道開鑿《かいさく》を提言した（箱根町立郷土資料館『箱根の鉄道――馬車鉄道から山岳鉄道開通まで』一九九四年）。

人間渡世の道ハ眼前の欲を離れて後の日の利益を計ること最も大切なり、眼前の湯本まて東南の山の麓を廻りて新道を造らハ、往来を便利にして自然ニ土地の繁盛を致し、塔ノ沢も湯本も七湯一様に其《その》幸を受くへき事なるに、湯場の人々無学のくせに眼前の欲ハ深く、下道の仮橋も去年の出水ニ流れしまゝに捨置き、わざわざ山路の坂を通行して、旅人の難渋は勿論、つまる処ハ湯場一様の損亡ならずや、新道を作るに其入用何程なるやと尋《たず》ぬるに、百両に過ずと云り、下道のかりばしハ毎年二度も三度もかけて、一度の入用拾両よりも多きよし、拾両ツ、三度ハ三拾両なり、毎年三拾両の金ハしぶしぶ出して、一度に百両出すことを知らず

福沢が箱根を訪れる前年に、塔ノ沢に通じる道に架かる橋が流されてしまった。そこで、湯本から塔ノ沢にいたる新道を開鑿すべきだと提言したが、旅館主は新道開鑿費の一〇〇両を惜しみ、下道に仮橋を架けてしのいでいた。しかし、仮橋を架けるのに一回につき一〇両ほどかかるので、何度も架け直せば相当の費用がかかることになる。福沢は、このような「湯屋仲間」の行為を、「眼前の欲」の前に「後の日の利益」を忘れた愚かな行為と叱責し、新道開鑿を提言したのである。新道開鑿によって人びとの往来が便利になれば土地が繁盛するので、お金を出し合って人力車を通すことができ、やがては鉄道の敷設さえ可能になる。まだ、新橋～横浜間の官設鉄道が開通してから半年も経っていなかったが、この時点で福沢は、将来的には箱根山に鉄道を敷設すべきだと考えて

いたのである。

　福沢の弟子でもあった福住旅館の主人福住正兄《まさえ》は、この提言を受けて小田原の板橋と湯本山崎を結ぶ有料道路を開鑿した。そして、一八八五年には小田原〜湯本山崎間の新道も開通し、箱根に人力車や乗合馬車が走るようになった。

　一八八六年七月、東海道線の敷設が決定されると、福住ら箱根の旅館主は、同年八月に「鉄道線路御検査願」を鉄道局長官の井上勝に提出した。東海道線の路線は、神奈川から国府津にいたり、そこから北に折れて松田、山北、谷ケ村、御殿場《ごてんば》を経て沼津に出る路線とされたが、福住らは箱根への鉄道の誘致を訴えたのである。提案したのは、①小田原から湯本に出て、そこから早川に沿って仙石原に向かい、乙女峠もしくは駿河津峠を経て静岡県側に達する、②湯本から旧街道沿いに進み、箱根宿から芦ノ湖に沿って湖尻に向かい、静岡県側に達する、③箱根宿から箱根峠を越えて静岡県側に達する、の三ルートであった。しかし、当時の鉄道技術で箱根の山を越えるのはむずかしく、鉄道の誘致は実現しなかった。箱根・小田原地方は、東海道線のルートから取り残されてしまったのである。

小田原馬車鉄道の開業と電化

　東海道線新橋〜国府津間が開通したのは一八八七（明治二〇）年七月であったが、翌八八年二月には、国府津駅から小田原を経て箱根湯本に達する小田原馬車鉄道（資本金六万五〇〇〇円）の敷設が免許され、同年九月二日に竣工した。発起人は、今井徳左衛門（小田原町、町長・酒造業・積《せき》小社《しょう》［のちの小田原銀行］取締役）、寺西台助（小田原町、町会議員・金融業・積小社取締役）、福住九蔵（箱根町、福住旅館経営・積小社取締役）、二見初右衛門（小田原町、水産業・積小社発起人）、吉田義方（小田原町、町長）、益田勘左右衛門（小田原町）、杉本近義（新玉町、士族）らで、小田原町、箱根町の地元有力者であった。初代社長には吉田が就任した。

開業したのは一八八八年一〇月一日で、敷設されたばかりの鉄路の上を二頭立ての馬車が走った。国府津駅の真向かいに小田原馬車鉄道の待合所があり、汽車の着後一〇分で発車し、小田原を経て箱根湯本の福住橋際の停車場までおよそ一時間二〇分で走った。小田原馬車鉄道が開業すると、箱根は東京から日帰りのできる温泉場となった。

一八九四〜九九年における小田原馬車鉄道の乗客数と乗客収入の推移を月別にみると、**表3・1**のようである。乗客数、乗客収入とも毎年八月がもっとも多く、ついで七月、九月の順になっているる。夏季に避暑を求めてやってくる観光客が多いからである。しかも、七〜九月には、乗客数の年間乗客数に占める割合よりも、乗車収入の年間乗車収入に占める割合の方が高くなっている。夏季の避暑客は、上等、中等の座席を利用する者が多かったからである。なお料金は、上等五〇銭（一八九一年）、中等三〇銭（同上）、下等一四銭（一八九九年）であった。

こうしてみると、小田原馬車鉄道は、箱根という避暑地への観光客輸送を担う地方遊覧鉄道であったといえる。そのため、同社の『第七回営業報告書』（一八九四年一〇月〜九五年九月）が、「征清事件（日清戦争…引用者）ノ影響トシテ本社営業ノ眼ロタル箱根浴場ハ総《すべ》テ寂寥ヲ極メ、本年四月ニ至ル迄《まで》ハ乗客甚《はなは》タ少ナク」「六、七両月ノ如《ごと》キハ不幸ニモ天候不順、避暑ヲ要セス、加フルニ凱旋軍隊輸送ノ為《た》メニ東海道汽車ハ発着回数ヲ減ジタルヨリ、箱根地方ハ寂寥ヲ加ヘ収入又一頓挫ヲ来《きた》セリ」などと記しているように、その経営は社会の情勢や天候の影響を受けやすかった。

ところで小田原馬車鉄道は、開通後まもなくから電化を考えていた。飼料代などの馬匹関係費がかさみ、経営を圧迫していたからである。観光客が増加すれば、客車の運転回数を増やさなければならないが、そうすれば馬の数も増え、馬匹関係費がさらにかさみ経営を圧迫することになる。

電化にあたっての問題は、いかにして資金を調達するかであった。小田原馬車鉄道の電化を引き受けたのは牟田口元学《むたぐちげんがく》（東京馬車鉄道社長）、中野武営（同取締役）、藤岡市助（東京電燈技師長）ら東京馬車鉄道、東京電燈の経営者であった。しかし、電化後の株主をみると、彼らに加えて根津嘉一郎、加賀美嘉兵衛《かがみかへえ》、佐竹作太郎、神戸挙一《かんべきよいち》、若尾林平（幾造）らの甲州財閥、茂木惣兵衛、渡辺福三郎らの横浜商人、渡辺治右衛門（東京の大地主）、木村正幹《まさもと》（三井物産）、今村清之助（鉄道株主）、三吉正一《みよししょういち》（三吉電機工場創業者）などが名を連ね、地元資本としては小田原馬車鉄道社長の田島正勝（神奈川県足柄下郡）の名前がみえるだけとなった。

こうして、中央資本に依存しながら小田原馬車鉄道は電化を実現したが、経営権も牟田口、中野、藤岡らの東京馬車鉄道、東京電燈の経営者に譲渡され、一八九六年一〇月に社名を小田原電気鉄道と改称した。電化工事は一八九九年二月頃から始まり、一九〇〇年三月二〇日に開業式を挙行、翌二一日から国府津～湯本間で電車の運転が始まった。電気鉄道としては、京都電気鉄道、名古屋電気鉄道、大師電気鉄道につぐものであったが、馬車鉄道からの電化としては日本で最初のケースであった。国府津～湯本間の所要時間は約一時間で、馬車鉄道時代よりも二〇分ほど短縮された。

こうしたなかで、足柄下郡温泉村村長の山口仙之助は、一九〇〇年五月二三日、村会議員六名との連名で小田原電気鉄道に「要望書」を提出し、湯本～宮城野村間の路線延長を求めた。山口らは、延長線の意義をつぎのように訴えた。

7月	8月	9月	10月	11月	12月	合計
22,630	27,835	17,625	14,765	12,811	13,651	221,392
10.2%	12.6%	8.0%	6.7%	5.8%	6.2%	100.0%
23,108	34,037	31,031	24,880	20,529	17,974	269,451
8.6%	12.6%	11.5%	9.2%	7.6%	6.7%	100.0%
34,894	51,273	30,280	29,705	23,558	22,199	365,644
9.5%	14.0%	8.3%	8.1%	6.4%	6.1%	100.0%
39,040	56,944	37,582	33,415	29,830	27,869	420,010
9.3%	13.6%	8.9%	8.0%	7.1%	6.6%	100.0%
39,627	54,107	34,527	32,390	25,336	26,056	411,325
9.6%	13.2%	8.4%	7.9%	6.2%	6.3%	100.0%
30,604	42,415	30,583	27,027	22,855	22,531	361,224
8.5%	11.7%	8.5%	7.5%	6.3%	6.2%	100.0%
2,493	3,486	1,790	1,237	995	1,030	20,746
12.0%	16.8%	8.6%	6.0%	4.8%	5.0%	100.0%
2,146	4,470	3,589	2,352	2,083	1,359	25,799
8.3%	17.3%	13.9%	9.1%	8.1%	5.3%	100.0%
3,667	6,577	3,051	2,836	2,469	1,791	34,415
10.7%	19.1%	8.9%	8.2%	7.2%	5.2%	100.0%
3,800	7,055	3,626	3,807	2,784	2,757	40,886
9.3%	17.3%	8.9%	9.3%	6.8%	6.7%	100.0%
5,584	8,692	4,338	4,149	3,491	2,667	51,622
10.8%	16.8%	8.4%	8.0%	6.8%	5.2%	100.0%
5,593	9,443	5,640	5,191	4,407	3,145	56,758
9.9%	16.6%	9.9%	9.1%	7.8%	5.5%	100.0%

表3・1　小田原馬車鉄道の乗客数・乗客収入の推移

年	1月	2月	3月	4月	5月	6月
乗客数(人)						
1894	19,357	13,927	17,134	23,388	19,885	18,384
	8.8%	6.3%	7.7%	10.6%	9.0%	8.3%
1895	19,121	14,506	16,877	25,251	23,726	18,411
	7.1%	5.4%	6.3%	9.4%	8.8%	6.8%
1896	26,888	22,061	28,570	34,661	33,014	28,541
	7.4%	6.0%	7.8%	9.5%	9.0%	7.8%
1897	28,995	24,569	32,277	41,651	37,009	30,829
	6.9%	5.8%	7.7%	9.9%	8.8%	7.3%
1898	34,701	28,162	33,624	39,444	35,126	28,225
	8.4%	6.8%	8.2%	9.6%	8.5%	6.9%
1899	35,056	25,130	29,731	34,998	33,894	26,400
	9.7%	7.0%	8.2%	9.7%	9.4%	7.3%
乗客収入(円)						
1894	1,449	1,125	1,465	2,111	1,842	1,723
	7.0%	5.4%	7.1%	10.2%	8.9%	8.3%
1895	1,310	1,129	1,287	2,308	2,046	1,720
	5.1%	4.4%	5.0%	8.9%	7.9%	6.7%
1896	2,007	1,792	1,285	3,272	2,998	2,670
	5.8%	5.2%	3.7%	9.5%	8.7%	7.8%
1897	2,292	2,001	2,567	3,792	3,551	2,854
	5.6%	4.9%	6.3%	9.3%	8.7%	7.0%
1898	3,619	3,102	3,655	4,703	4,325	3,297
	7.0%	6.0%	7.1%	9.1%	8.4%	6.4%
1899	3,853	2,885	3,353	4,461	4,336	4,451
	6.8%	5.1%	5.9%	7.9%	7.6%	7.8%

出典：箱根町立郷土資料館編『箱根の鉄道――馬車鉄道から山岳鉄道開通まで』1994年。
ただし、原史料は小田原馬車鉄道株式会社『営業報告書』各期。

> 乗客数等ニ就キ懸念モ有之《これあり》ナレトモ、卑見ヲ以テスレハ、当村方ハ函根浴場ノ中ニ於《おい》テ稍々《やや》中央ニ位スル所ナレハ、一朝交通機関ノ完備ヲ告クルニ於テハ、宮ノ下附近ハ勿論、木賀、大涌谷《おおわくだに》、小涌谷《こわくだに》、若《もし》クハ芦ノ湯、姥子《うばこ》ニ至ル迄《まで》幾層ノ繁栄ヲ増シ、年々月々旅館ノ数ヲ加フヘキハ疑ヲ容《い》レサル所ニシテ、随《したがっ》テ函根《はこね》全体ノ福利ヲ増進スルト共ニ、該延長線ニ対スル得失相償フノ日アルヘシト存候《ぞんじそうろう》

宮城野村まで路線を延長すれば、宮ノ下はもちろん、木賀、大涌谷、小涌谷、芦ノ湯、姥子などがにぎわい、箱根全体の繁栄をもたらすので、小田原電鉄の収支もかならず償うというのである。小田原電鉄はこの要請を受け入れ、同年六月七日に湯本〜宮城野村間（約六・四キロ）の延長線敷設を出願したが、競合線が多くなかなか認可にはいたらなかった。

登山電車と別荘地強羅の開発

小田原電気鉄道は、一九一〇（明治四三）年一月の臨時株主総会で湯本〜強羅《ごうら》間に登山電車を敷設することを決定した。小田原電鉄が登山電車を計画すると、「箱根付近へ別荘地を選定するもの多く昨今は田畑山林の別なく取引あり」という状況が生まれ（「箱根電車と別荘」『横浜貿易新報』一九一〇年一月一七日）、第一次世界大戦期には「一時別荘地として海浜を選びし人気は今日にては寧《むし》ろ山間の高地を選ぶ傾向を来しければ、随《したが》って箱根は将来一大別荘地と化すべく」などと報じられ、箱根は別荘地として脚光を浴びるようになった（「箱根と電鉄社債」『横浜貿易新報』一九一五年四月

一〇日)。

こうしたなかで小田原電鉄は、一九一四年八月に強羅一帯の所有地三六万八〇〇〇余坪のうち一〇万坪を分譲し、「強羅に別荘を構へ又は居住を卜して旅館其他の事業を計画せんとする世人の利便を謀らんことを期」した。小田原電鉄が発行した『箱根強羅温泉地売渡案内』なるパンフレットには、強羅開発の意義がつぎのように説明されていた。

強羅の地は箱根十二湯(昔は七湯)中最新の開発に係る強羅温泉の在る所にして有名なる早雲山の麓《ふもと》一帯の高地にして西は大涌谷東は早雲山谷の両渓流を控へ湯本より二里五町、箱根町へ(二ノ平経由)二里二十二町、湖尻へ(大涌谷経由)一里九町、御殿場へ(乙女峠越)約四里、三島駅へ六里二十四町、新設計画の電車線にて湯本へ五哩三十鎖海抜一千八百十三尺乃至《ないし》二千三百二十二尺の間に在り全体の地形は傾斜緩慾なる高台にして西南より東北に延長し今は雑木叢生する所なれども我社計画の電車第一期延長線の終点に位するを以て延長線竣成の暁には此《この》強羅の地は箱根全山の中心と為《な》り山中最も興味多き最も娯楽多き最も愉快なる新天地を開き来《きた》らんとす

湯本〜強羅間の小田原電鉄延長線が開通すれば、強羅は箱根全山の中心として発展する。小田原電鉄は、強羅の真中に「一大遊園」を設け、そこに音楽堂、動物園、水泳場、倶楽部、児童遊戯場、休息場、納涼場などの施設を設備し、園内には世界各国の花や草を植栽し、天然の風景と相俟《あいま》って遊覧者を楽しませるというのである。また、後年、「箱根国園論」(国立公園)の理想が実現するとすれば、小田原電鉄は「之《こ》れが先駆者たるの名誉」を担うことになる。小田原電鉄は、登山電車が

表3・2　小田原電鉄強羅分譲地の売却

期		購入者数(人)	収入額(円)	販売坪数(坪)
1913	[下]	3	不明	1,416
1915	[下]	不明	不明	5,570
1916	[下]	7	61,035	8,492
1917	[上]	4	8,142	1,873
	[下]	13	104,254	9,774
1918	[上]	7	39,581	4,056
	[下]	43	386,363	35,929
1919	[上]	6	36,322	4,388
	[下]	22	37,933	1,223
1920	[上]	3	4,502	1,564

出典：前掲『箱根の鉄道――馬車鉄道から山岳鉄道開通まで』。

開通する一九一九年までに一五万坪の土地の分譲を完了していた（稿本『箱根登山鉄道株式会社沿革史』）。

小田原電鉄が発行した「箱根強羅温泉地売渡之広告」（一九一二年）によれば、分譲地の購入者数、収入額、販売坪数は**表3・2**のとおりであった。別荘の数も、一九二三（大正一二）年頃までには四〇軒ほどに達したようであるが、その所有者は益田《ますだ》孝《たかし》（三井合名理事長）、福沢桃介（大同電力社長）、松永安左《やすざ》ェ《え》門《もん》（東邦電力社長）、藤山雷太（大日本製糖社長）、山下亀三郎（山下汽船創業者）ら著名な実業家であった。強羅の別荘地開発を主唱したのは益田孝であり、「益田を中心とする有力な実業家たちが、強羅という地域を高いステイタスを保ちながら、自分たちを中心とする人々の集う社交場としての保養地、観光地にしようと」したのである（藤谷陽悦「郊外住宅地の史的研究――強羅別荘地の開発について」『日本大学生産工学部報告』第二〇巻第二号、一九八七年一二月、鈴木康弘「神奈川県域における別荘地形成について――箱根地域を一例として」『地方史研究』二七四号、一九九八年八月）。したがって、別荘地も広大で、一区画の面積は最高一一二八坪、最低七八坪で、平均すると四〇〇～五〇〇坪であった（前掲『箱根の鉄道』）。

こうした箱根にも、変化の兆しが現れていた。『鉄道時報』（一九〇九年一〇月三〇日）によれば、中部鉄道管理局が、小田原電鉄や箱根の旅館と協定して「箱根の発展を助くる」ため、一九〇九年一〇月二三日の午後一二時五五分に新橋から箱根湯本に向けて回遊列車を走らせたのである。参加者は新橋駅から一四〇～一五〇名、横浜駅から五〇名ほど、品川・大森駅から五、六名が乗り込み、係員もいたので四両編成の車内はほぼ満員となった。午後三時に国府津に着き、小田原電鉄に乗り換えると四時過ぎには箱根湯本に着いた。小涌谷で一泊し、箱根の秋と温泉を満喫して帰路につくと、予定どおり午後九時七分に新橋に到着した。箱根といえば「紳士閥の豪奢」を連想し、「平民の足踏みすべき処で無い」と考えられていたが、大衆化の波が押し寄せていたのである（「箱根回遊」『鉄道時報』一九〇九年一〇月三〇日）。

第一次世界大戦期には、外国人観光客でにぎわうようになった。『横浜貿易新報』は、「欧州の大動乱は来遊外人に影響し外人を華主とせる箱根の如きは今夏の遊覧客尠《すくな》かるべしと想像されつゝありしが却《かえっ》て反対の事実を示し例年に比し稍《やや》増加の勢ひあり昨今続々予約の申込ありとの事なり」と報じているように、外国人観光客によってもにぎわっていた（「箱根賑ひ出す」『横浜貿易新報』一九一五年七月九日）。

そして小田原電鉄は、第一次世界大戦後の一九一九年五月二四日、湯本～強羅間にスイッチバック方式の登山鉄道を完成させた。工事再開以来六年七か月、三〇〇万円の巨費を投じた大工事であった。資金は、福原有信《ゆうしん》（帝国生命社長）、中根帍四郎《とらしろう》（中根合名会社代表社員）、古河《ふるかわ》虎之助、藤田小太郎、R・W・アルウィン、益田孝ら東京の実業家に依存していた。箱根電気鉄道は、一九一九年六月一日に湯本～強羅間に七両編成の登山電車を走らせた。所要時間は約一時間であった。

小田原急行鉄道で箱根へ日帰り

一方、東京の新宿から箱根湯本まで小田原急行鉄道が開業した。利光鶴松《としみつつるまつ》が東京～小田原間の鉄道敷設免許を申請したのは一九二〇（大正九）年八月二四日であったが、そこにはやや複雑な事情があった。

利光は、一八六四年二月六日（文久三年一二月二九日）に豊後国大分郡稙田村《わさだ》（現・大分市）に生まれた。一八八四（明治一七）年二月に上京したのち、西多摩郡五日市勧能学校の教員となり、自由党員の石坂昌孝、村野常右衛門、森久保作蔵らの影響を受けて、自由民権運動にかかわっていった。政治家志望であったので、一八八六年四月に明治法律学校（現・明治大学）に入学し、八七年一〇月に代言人（弁護士）試験に合格し、一二月に神田猿楽町《さるがく》で弁護士事務所を開業した。一八九六年二月に東京市会議員となって、政治家としての第一歩を踏み出した。

利光は一八九八年二月に衆議院議員に当選すると、翌九九年から東京市街鉄道の経営にかかわり、一九一〇年には鬼怒川《きぬがわ》水力電気を創業して社長に就任した。そして、一九一九年一月八日、軽便鉄道法による高架・地下併用の電気鉄道の敷設を計画し、東京高速鉄道の免許を申請した。同鉄道の計画線は総延長三二キロで、平河町五丁目を起点に原宿、渋谷、三軒茶屋を経て砧《きぬた》に達するものであった。

当時東京市内では、早川徳次《のりつぐ》らが計画した東京軽便地下鉄道（のちの東京地下鉄道）、五島《ごとう》慶太らによる武蔵電気鉄道（現・東京急行電鉄）、衆議院議長森恪《つとむ》らが出願した東京鉄道が地下鉄の建設を計画していた。このうち東京軽便地下鉄道は一九二七年一二月三〇日、浅草〜上野間に日本最初の地下鉄道を開業したが、武蔵電気鉄道は東京周辺部の電気鉄道に転換し、東京鉄道は免許失効となった。東京高速鉄道の計画も修正を余儀なくされ、一九一九年一月八日、全線地下式とし、計画線を新宿〜日比谷〜万世橋《まんせいばし》〜大塚停車場付近に変更し、地方鉄道法に準拠する鉄道として申請した。この申請は同年三月一七日に免許されたが、地下掘削で生じた土砂で皇居の外濠の一部を埋め立てるという計画に内務省が反対したうえ、第一次世界大戦後の不況も重なって東京高速鉄道の計画そのものが頓挫してしまった。

そこで利光は、一九二〇年八月二四日に東京高速鉄道小田原延長線（東京〜小田原間）の敷設免許を申請した。「起業目論見書」によれば、同線は新宿から幡ヶ谷《はたや》、砧を経て登戸付近で多摩川をわたり、原町田《はらまちだ》、厚木《あつぎ》、伊勢原、秦野《はだの》を経て松田を通って小田原停車場付近に出る線路で、総延長は約七六キロであった。小田原延長線は、一八九五年に雨宮《あめみや》敬次郎らが発起し、多摩の民権家村野常右衛門らもかかわっていた武相中央鉄道の計画を継承したもので、中央本線の拠点であった新宿と、東海道線の神奈川県南西部における主要駅小田原を結び、鉄道空白地帯であった神奈川県中央部の交通や産業の開発をめざしたものといえる。しかし、それ以上に国際的な観光地・箱根と東京を直結する有望な観光路線であった。

小田原延長線の起点は、免許取得時の一九二二年には新宿三丁目であったが、二三年三月八日に社名を小田原急行鉄道と変更し、一一月二八日に新宿駅西口に乗り入れることになった。着工後一年半の工期で完成させ、全線複線とするなど国有鉄道並みの設備が施された。

小田原急行鉄道は、一九二七（昭和二）年四月一日に新宿〜小田原間（八二・八キロ）を開業した。

所要時間は一時間四五分であったが、早くも箱根周遊券を発売するなど観光客の誘致に努めた。小田原急行鉄道の『第九回営業報告書』（一九二七年五〜一〇月）によれば、当期の乗客数は四一七万二三九五人で、「沿線利用者ハ勿論東京ヨリ箱根熱海方面ヘノ往復乗客ハ逐日著《いちじる》シキ増加ヲ示シツ、ア」った。これは、新宿〜小田原〜早雲山〜湖尻〜箱根町〜小涌谷〜小田原〜新宿を、電車、ケーブルカー、船、バスを乗り継いで回遊するもので、強羅千人風呂の入浴券がついていた（ただし、早雲山〜湖尻間は徒歩〔一九三五年以降はバスが開通〕であった）。一九三二年に十国《じゅっこく》峠越えの自動車道路が開通すると、熱海経由の新ルートによる回遊乗車券も発売された。

小田原急行鉄道は、一九二七年一〇月一四日、小田原電気鉄道（現・箱根登山鉄道）と連帯運輸契約を結んだ。小田原電気鉄道は、一八八八（明治二一）年に開通した国府津〜箱根湯本間の小田原馬車鉄道を前身とし、この頃には小田原駅前から箱根湯本にいたる路面電車と、箱根湯本〜強羅間の山岳鉄道、強羅〜早雲山間のケーブルカーのほか、小涌谷〜箱根町間の乗合自動車、小田原を拠点とする貸切自動車などを経営していた。また、小田原急行鉄道は、一九二八年五月、富士屋ホテルの山口正造が興し、乗合自動車の路線を箱根全域にわたって拡大していた富士屋自動車とも連帯運輸契約を結んだ。

小田原急行鉄道は、ほかにもさまざまな割引切符を発売して箱根への観光客の誘致に努めた。そして、一九三五年六月一日からは週末温泉急行を運転し、運転時分は急行と同じであったが、四両編成で小田原までノンストップで走り、新宿を毎週土曜日の午後一時五五分に発車し、小田原に三時二五分に着いた。これがロマンスカーの原型であった。

こうして箱根は、東京から日帰り可能な行楽地となり、一九三六年二月一日には「富士箱根国立公園」に指定された。また、一九三六年一月一八日付の『東京日日新聞』の広告によれば、小田原急行鉄道は熱海・湯河原温泉行きに便利な新宿～小田原間往復半額割引切符、新宿から箱根温泉各地（湯本、塔ノ沢、宮ノ下、小涌谷、強羅）への往復半額割引切符、七沢・広沢寺・鶴巻温泉などに行くのに便利な新宿～相模厚木・伊勢原・鶴巻間の往復六割引切符などを発売していた。なお、週末温泉急行は、戦時下の一九四二年四月のダイヤから姿を消した。

箱根土地の開発と大衆化

小田原電気鉄道について、堤康次郎《つつみやすじろう》の率いる箱根土地会社が強羅の開発に着手した。堤は、「箱根の開発こそ、天から与えられた使命」（堤康次郎『叱る』有紀書房、一九六四年）であると認識し、箱根を別荘地、あるいは国際的な観光地にするという大きな構想をたて、一九二〇年三月に資本金二〇〇〇万円（五〇〇万円払込み）の箱根土地会社を設立した。社長には藤田謙一が就任したが、実質的な経営は専務取締役の堤が担っていた。なお、箱根土地は、堤の広範な事業の中核をなすもので、軽井沢の開発や国立学園町など東京市近郊の学園都市の建設などにも取り組んでいる（由井常彦編『堤康次郎』エス・ピー・エイチ、一九九九年）。

箱根土地は、設立後ただちに強羅および芦ノ湖付近の土地を買収するとともに、温泉の使用権、湯の花や硫黄の採掘権などを獲得し、強羅から湯ノ花沢・芦ノ湖・湯河原方面の土地を別荘地として整備し、売却していった。すでに小田原電気鉄道が湯本から強羅にいたる登山電車を開通していたため、強羅は「別荘地及《および》遊覧地として好個の場所」となっており、強羅での事業は箱根土地会社に大きな利益をもたらした（「強羅土地の価値」『ダイヤモンド』一九二二年一一月一一日）。

湯ノ花沢、芦ノ湖、湯河原方面は強羅と違ってまだ交通の便が開けていなかった。そのため箱根土地は、熱海線の湯河原駅から芦ノ湖畔を経て強羅に向かう電気鉄道の敷設を計画したり、自動車道路の整備に取り組んだりした。さらに箱根土地は堤が設立した強羅土地会社に、強羅および芦ノ湖畔の経営地を五〇〇万円ほどで売却し、電気鉄道敷設のための資金を調達した。この電気鉄道が開通すると、東京~湯河原間が二時間、湯河原~芦ノ湖間が一時間となり、三時間で東京から箱根の景勝地芦ノ湖に達することができるようになるのである。そのため、湯ノ花沢、芦ノ湖、湯河原方面の開発にはどうしてもこの鉄道が必要となり、その敷設資金を確保しなければならなかったのである。

ところで、箱根土地はどのような別荘を販売していたのであろうか。これまで強羅の別荘地は温泉付土地一口五〇〇坪以上を条件としていたが、箱根土地は「時勢ノ要求ニ鑑《かんが》ミ別荘ノ実用化ト資金化トヲ期」し、一〇〇坪ずつに分割して「洋風加味の新築別荘」を建設し、「瀟洒《しょうしゃ》ナル温泉浴場」を四戸ごとに設け、電話や夜具、炊事道具、調味品などを備えつけて一万円で売りに出した。また、別荘を使用しないときには一日三~五円で貸し出せば、「貯金ヨリ有利、株券ヨリ確実」な収益がもたらされるともいわれていた(箱根土地会社『第四回報告書』一九二一年六~一一月)。小田原電鉄が分譲した強羅の別荘地を購入したのは益田孝など、三井・三菱系の実業家であった。しかし、箱根土地が開発したのは、日露戦争後から第一次世界大戦期にかけて誕生した会社員、銀行員、官吏、教師などの新中間層向けの別荘地であった。

箱根土地は、一九二二年一一月に湯河原~箱根間の鉄道敷設の免許を得たが、二七年に経営の実権を掌握していた駿豆《すんず》鉄道に譲渡した。しかし、駿豆鉄道は一九三二年にこの鉄道敷設計画を放棄した。堤は自動車事業に目をつけ、一九二五年に駿豆鉄道の事業として熱海峠〜箱根峠間（延長二六キロ、幅員六メートル）の十国自動車専用道の建設を内務省に申請していたのである。

一九三〇年七月に駿豆鉄道の十国自動車専用道の建設が許可され、一一月に着工、三二年七月に開通すると、駿豆鉄道は熱海峠〜箱根峠間自動車専用道路一般自動車通行営業ならびに同区間の乗合自動車営業を開始した。堤は、「箱根行きは安くて早い熱海から」のキャッチフレーズで箱根観光を宣伝した。熱海駅で汽車の発着ごとにバスが接続し、芦ノ湖を中心とする箱根内輪山の観光資源が内外に紹介されるようになった。堤は、さらに箱根遊船株式会社を通じて強羅〜小涌谷間、強羅〜湖尻間などの自動車専用道路の建設を請願し、一九三六年一月に早雲山〜元箱根間（一〇キロ）、三七年一〇月には早雲山〜小涌谷間（二・三キロ）の自動車専用道路が開通した。

大箱根一周の自動車専用道路の完成によって、東京から箱根へのアクセスは格段に向上した。箱根土地は、そうした交通条件の改善を最大限に利用しながら強羅、湯ノ花沢、駒ケ岳、仙石原などで別荘地の分譲を行った。駒ケ岳分譲地の小別荘は、土地一〇〇坪、建物一七〜一八坪で、価格は二五〇〇円であった。東京からわずか二時間半で行ける温泉地で、しかも天下の国立公園の国道沿いの別荘が、このような価格で買えるのは、建築を機械化して大量製作をしたからであった。箱根土地は別荘の管理・修理も引き受け、使用されないときには貸別荘としたり、転売したりした。

箱根振興会の「楽園箱根」

一九二六（大正一五）年四月、箱根温泉旅館組合長の梅村美誠ら箱根温泉業者一同は、箱根振興会を設立した。設立総会は塔《とう》ノ沢《さわ》の環翠楼で開催され、塔ノ沢一の湯の小川仙二が初代会長となっ

大阪
名古屋
沼津
御殿場
神戸
下ノ関
國府津
小田原
東京
熱海
箱根
元箱根
芦ノ湯
小涌谷
宮ノ下
底倉
木賀
強羅
二ノ平
姥子
仙石
俵石
湖尻
長尾峠
乙女峠
大平台
堂ヶ島
塔ノ澤
塔之沢
湯本
宮城野
明星岳
浅間山
神山
小塚山
仙石原
鐵道交通社印行

た。旅館組合は、加入出資金二〇〇〇円の支出を臨時総会で決議した。

箱根振興会設立の背景には、箱根は「天與ノ勝景」に恵まれ「他ニ競争地アルヲ忘レタル観アリシガ」、関東大震災後「形勢ハ全ク一変」し、「面目ヲ一新シ陣容を改ムルニ非《あ》ラザレバ、徒《いたず》ラニ競争場裡ノ落伍者トナリ再ビ起ツ能《あた》ハサルニ至ル可《べ》シ」という危機感があった（箱根温泉業者一同「箱根振興会設立趣意書」一九二六年四月七日）。

箱根振興会の事業は、宣伝と保勝を二つの柱としているが、その振興会が設立後まもなく、箱根温泉旅館組合と連名で「箱根御案内」という宣伝パンフレットを発行した。表面は箱根山の鳥瞰図であるが、その裏面で「楽園箱根」というタイトルをつけ、温泉観光地としての箱根をつぎのよう

箱根振興会・箱根温泉旅館組合編「箱根御案内」（著者所蔵）

に紹介している。

「箱根八里は馬でも越すが」と言ひ「箱根の山は天下の嶮《けん》」と歌つたのは昔のこと。今は道路開け、登山電車設けられ、自動車通じて全く箱根は親《したし》み易い天下の楽園となりました。巍《ぎ》然《ぜん》たる山、美しい湖、清い流、そして到る処滾々《こんこん》として尽きぬ霊泉とは否《いや》が応《おう》でも私達を引付けずには置きません。

山愈々《いよいよ》高く、谷益々《ますます》深き中を縫ふが如《ごと》くドライブする時の心地、或《あるい》は又、可愛いゝ御子様等と共に珍らしい苔や、美くしい草花を集めつゝ湖畔に杖を運ぶとき、箱根は直《ただ》ちに一幅の画であり、詩であります。

箱根！　箱根！　箱根は寔《まこと》に天下の楽園であり、日本の庭園であります。一家を引連《ひきつ》れての行楽に、友人相語《あいかた》らつての遠足に、この自然の大庭園に遊ぶとき、誰か懐かしい母の腕に抱かれる様な感に打たれない者がありませう。

箱根には登山電車が走り、自動車道が建設され、往時と比べると交通の便が格段に改善された。こうして箱根は、「今や温泉郷としても遊覧地としても天下に誇る地上の楽園」となったのである（大森保次『箱根』日本電力、一九二八年）。

コラム　小説『箱根山』の世界

一九六三（昭和三八）年一月から二六回にわたって、『箱根山』というテレビドラマがTBSをキーステーションに放映されたことがある。若き日の勝呂《すぐろ》誉《ほまれ》と島かおりが恋人役を演じ、いわば「青春ドラマ」のはしりとして人気を博した。その原作を書いたのは、獅子《しし》文六《ぶんろく》という大衆小説作家であった。

獅子文六が、戦後の箱根の観光開発をテーマに小説『箱根山』を朝日新聞に連載したのは一九六一年三月一七日から一〇月七日までで、合計二〇三回にわたった（単行本は一九六二年一月に新潮社から刊行）。ちょうど高度経済成長期にあたり、箱根山では東急（小田急）系、西武系の二大観光資本に藤田観光が加わって、いわば三つ巴の観光開発競争が展開されていた。こうした箱根をめぐる観光開発競争を、ジャーナリズムは「箱根山戦争」ともてはやした。

東急系、西武系の観光資本は道路使用免許をめぐって対立を深めていたが、それを意識してか獅子は、北条一角（藤田観光）なる人物に「ぼくは、スカイ・ラインが開通しても、どこの会社の車も、通すつもりだよ」と語らせている。そして、「水と熱と土さえ巧く使えば、大衆の所得は、倍増どころではない。五倍になり、十倍になる。電気の三種の神器はどこの家庭にも、見られるようになる。一週のうち、四日間働いただけで、誰も食えるようになる」「そして、箱根山が埋まるほど、皆さんに遊びにきて頂く」と、大レジャーブームの到来を予測する。

高度経済成長期には「レジャーブーム」がもたらされ、観光の大衆化・大量化が促進され、箱根山で観光資本の熾烈な競争が展開されたのであった。

競争は、中央の観光資本のみにとどまらなかった。小説『箱根山』に登場する「玉屋」と「若松屋」という箱根の老舗旅館も古くからのライバルで、激しい競争を展開していた。しかもこの老舗旅館は、互いに対立しながらも伝統的な経営方針を貫くという点では一致していた。これらの老舗旅館と新興勢力たる中央観光資本とのせめぎあいも、この物語のテーマであった。

しかし、獅子文六が小説『箱根山』を書こうと思ったのは、こうした観光資本や老舗旅館の競争に興味をもったからだけではなかった。箱根権現や箱根関所、芦ノ湯にあった東光庵など、豊富で厚みのある「箱根の過去」がとても魅力的に思われたからでもあった。観光資本や老舗旅館の対立を題材としながら、それを生み出した箱根の風土や歴史を描こうとしたのである。獅子によれば、「箱根は、古来、信仰の山であり、歴史の山でもあるが、今では、資本の山、欲の山であって、そのために戦争が起こっている」のであった（箱根町立郷土資料館編『箱根は箱根――小説「箱根山」の風景』二〇〇二年）。

第四章　海辺と高原のリゾート

1　湘南の開発

「湘南」とは？

「湘南」とは、逗子《ずし》、葉山、鎌倉、藤沢など、神奈川県の相模《さがみ》湾沿岸の地域をさすが、土地に由来する地名ではなく一種の雅称で、地域呼称として使われるようになるのは明治二〇年代になってからであった。療養や健康増進を目的とする海水浴が舶来文化として定着し、大磯などでは海浜保養地が形成されつつあった頃である（「湘南の誕生」研究会編『湘南の誕生』藤沢市教育委員会、二〇〇五年）。

湘南地方の沿岸に位置する村々の多くは半農半漁の寒村であった。東海道寄りには砂丘が広がり、大部分が松林や荒地で、決して実り豊かな土地とはいえなかった。畑作物は甘藷《かんしょ》と麦が中心で、砂丘の間の低地にみえるわずかな水田の生産性も高くはなかった。したがって、江戸期には、湘南の海岸が脚光を浴びることはなかった。しかし、湘南の海によって育まれた温暖な気候や海岸線の美しさが多くの人々に安らぎを与え、明治期から大正期にかけて、日本を代表する海辺のリゾート、

明治20年代中期の江の島（横浜開港資料館所蔵）

観光地となった（島本千也『海辺の憩い——湘南別荘物語』二〇〇〇年）。

前出のエルウィン・ベルツは、一八八〇（明治一三）年一一月八日、鎌倉から江の島に向かった。ベルツは、そのときの情景を日記につぎのように記している（前掲『ベルツの日記』上、一九七九年）。

独りで江の島へ行く。形容する言葉もない好天気。谷を通り、丘を越えて三時間、あるいは徒歩で、あるいは人力車で、六百年のむかし頼朝のもとにこの国の首都であった鎌倉へ。首都の面影は、もう何一つとして残っていない。……略……

なだらかな丘の背を越すと——数分で七里《しちり》ガ浜の海岸に出るが、ここは、自分にとっては日本で一番美しい地点である。隣接する砂丘には草木をみない。海は激しい勢いで岸を打っている。左は、なかば松、なかばツバキ、クスノキ、シュロでおおわれた稲村ガ崎、さらにその左は三浦半島。前方の海中には煙をはく大島、右は岩礁の江の島で、やっと海面に出ている。平らな堤防によって陸地とつながっている。堤防の上方はるかかなたには、雪におおわれた雄大な富士が、だれにも侵されない威厳をもって、眼の前の海上からそびえ立ち、われわれに向ってあいさつを送っている。さらに右の方には大山、富士のそばには箱根連山、さらにその左の方には伊豆の山々がある。

これこそが「湘南」の原風景ともいえるものであるが、このときにはまだこの地域を「湘南」とは呼んでいなかった。東京の赤坂から逗子に転居した徳冨蘆花は、一八九八（明治三一）年に「湘南歳余」を『国民新聞』に掲載して逗子の自然を紹介した。また、一九〇〇年には『自然と人生』を出版し、そのなかに「湘南雑筆」という随筆をおさめ、逗子からみた相模湾や富士山の風景を、西洋画風に紹介した。こうして日露戦争（一九〇四〜〇五年）後には、湘南という地域呼称がほぼ定着した。江戸期にも、江島神社の参詣や古都鎌倉の史跡見物などが庶民の人気を集めていたが、この地を「湘南」と呼ぶことはなかった。なお、徳冨蘆花といえば、不朽の名作『不如帰《ほととぎす》』（一九〇〇年一月）の著者として有名であるが、蘆花はこの小説を逗子の「柳屋」という旅館に滞在して執筆した。

観光地としての「湘南」

東京、横浜からの適度な距離、温暖な気候、富士や箱根の山々、クロマツ林がつづく美しい海岸線などに恵まれた「湘南」は、訪れる人びとに安らぎを与えた。そのため、湘南は明治三〇年代には人気の観光地となっていた。一八八九（明治二二）年に東陽堂によって創刊された『風俗画報』は、各地の名所案内（観光ガイド）の役割もはたしていたが、一八九七年八月二五日号の臨時増刊は「鎌倉江の島名所図会」、翌九八年八月二〇日号は「江島鵠沼《くげぬま》・逗子金沢名所図会」として刊行されており、二年連続して湘南が取り上げられていた（前掲『海辺の憩い――湘南別荘物語』）。

大正期になると、湘南は東京近郊の代表的な観光地となった。一九一五（大正四）年に刊行された『湘南遊行記』（河鍋書店）には、「湘南の名は、直ぐと人の遊心を唆《そそ》る。同時に人をして雲水《うんすい》行旅の身となさずには措《お》かん」と、湘南が人びとの「旅ごころ」をそそる観光地であるとされている。湘南を観光地たらしめたのは、「秀れた自然の美」「気候風土の天恵」、それに豊富な「思出多い史蹟」などの、豊かな観光資源であった。

また、一九一九年刊行の松川二郎『近郊探勝　日がへりの旅』は、片瀬から西の小田原にいたるまでの海岸、すなわち鵠沼、茅ケ崎《ちがさき》、平塚、大磯、二宮、国府津《こうづ》などを「相模の海岸」と呼び、「その海岸はどこでも、一日の清遊を恣《ほしいまま》にすることができた。無論開けすぎてゐると云ふ憾《うら》みはあるが、されぱと云て、さう感じの悪いところではない」と評していた。こうした湘南の開発は、東海道線、横須賀線、江之島電鉄など、鉄道の開業によるところが大きい。

東海道線と横須賀線がもたらしたもの

一八八七（明治二〇）年七月に東海道線が国府津まで路線をのばすと、「湘南」は保養地、別荘地としてだけではなく、海水浴場としての開発が進んだ。すでに明治一〇年代には別荘が建設され、海水浴客も訪れてはいたが、東海道線の開通にともなって大磯駅、藤沢駅、国府津駅などが開設されると、東京や横浜から日帰り可能な行楽地となり、遊覧客が激増したのである。大磯では軍医総監松本順が、渋沢栄一や安田善次郎から資金を募って旅館と病院をかねそなえた「禱龍館《とうりゆうかん》」を設立した。同館では、八月七日に歌舞伎役者や落語家をはじめ、三〇〇人の招待客をあつめて盛大な開業式が行われた。

江の島への遊覧客は、藤沢駅で降りて人力車や境川（片瀬川）の乗合船を利用するようになった。遊覧客は大幅に増加し、江の島には旅館「金亀楼《きんきろう》」が新たに開業した。『読売新聞』（一八八七年八月一一日）では、「相州片瀬の海水浴は海中に一二町行くも水深からず、底に凹凸なきゆえ泳ぎを知らぬ者にも危なげなし」と、遠浅の片瀬海岸がいかに海水浴場として優れているかが紹介されていた。海水浴場は、逗子・葉山から大磯・国府津にいたる相模湾沿岸の湘南一帯に拡大し、一八九二年刊行の野崎左文《さぶん》『全国鉄道名所案内』には、逗子、長者ヶ崎、由比ヶ浜《ゆいはま》、鵠沼、平塚、大磯、酒匂《さかわ》、国府津が海水浴場として紹介されている。

藤沢駅の開設によって、古都鎌倉へのアクセスも大幅に改善された。藤沢駅前には、桃花亭という茶屋があり、依頼すれば「人力車その他何くれとなく親切に取計《とりはから》」ってくれ、藤沢駅から人力車に乗って鎌倉まで行けるようになった（『毎日新聞』一八八七年八月三一日）。また、藤沢駅から七里ヶ浜にそって山の中央を切断して早瀬村にいたる新道が完成し、車馬の通行も可能となった（『毎日新聞』一八八八年八月八日）。『時事新報』（一八八七年七月一二日）は、「若《も》し江ノ島鎌倉見物の望みあれば爰《ここ》に（藤沢駅で…引用者）車を下り路を南方に婦人の軟脚猶且《なおか》つ一時間を費やさざるべし」と、藤沢駅が江の島・鎌倉観光の拠点になったことを報じている。

東海道線が国府津まで開通してからほぼ二年後の一八八九年六月、横須賀線大船～横須賀間が開通した。横須賀線は、海軍の横須賀鎮守府《ちんじゅふ》を東海道線につなげ、兵員や軍需物資の輸送力増強をはかることを目的としていたが、大船、鎌倉、逗子、横須賀の四駅が開設され、鎌倉への遊覧客の交通上の利便性を飛躍的に高めた。明治期の小説家で、『当世商人気質《かたぎ》』(栄泉堂、一八八七年)などの作品で知られる饗庭《あえば》篁村《こうそん》は、一八九三年二月一一日から一二日にかけて、仲間とともに横須賀線を利用して鎌倉を旅行した。饗庭らは午前八時新橋駅発の汽車に乗るつもりであったが、大幅に遅れて一〇時発の汽車になってしまった。しかし、その汽車が横須賀直通であったため、彼らは鎌倉まで乗り換えなしで行くことができた。鶴岡八幡宮を参拝したのち、朝比奈の切通しを通って金沢に出て宿泊した。翌日は、杉田の梅を鑑賞して横浜から汽車に乗って帰った。横須賀線は、江の島・鎌倉観光のもう一つの重要なルートとなったのである。

こうして東海道線、横須賀線が開業すると、官設鉄道は東京、横浜から湘南に向かう「避暑旅客の便利を図」って、東海道線および横須賀線の往復割引切符を発売した。一八九九(明治三二)年七月八日から土曜日、日曜日に限って、新橋、横浜両駅から鎌倉、藤沢、平塚、大磯、国府津の五駅までの三日間通用の割引切符を発売した(「往復切符の割引」『鉄道時報』一八九九年七月一五日)。この切符では、藤沢駅で降車し鎌倉駅で乗車すること、あるいはその反対に鎌倉駅で降車し藤沢駅で乗車することが認められていた。すなわち、東海道線の藤沢駅と横須賀線の鎌倉駅の間が回遊可能な観光ルートとなっていたのである。また、八月二六日からは同じく新橋、横浜両駅から逗子、茅ヶ崎両駅に向かう汽車の割引切符が発売された(『読売新聞』一八九九年八月二四日)。官設鉄道は、一九〇六年七月一一日から九月一〇日までの間に、海水浴客のために新橋〜横須賀間、横浜〜国府津間、および横浜〜横須賀間の臨時列車を走らせた(『鉄道時報』一九〇六年七月七日)。

尾崎三良・正岡子規の湘南

かつて三条実美《さねとみ》の側近であった元老院議官の尾崎三良《さぶろう》は、一八八四（明治一七）年七月、三条の別荘のある富岡を訪ねた。富岡は、現在では横浜市金沢区に所属するが、幕末から明治初期にかけては横浜居留地の外国人が海水浴を楽しむ場で、明治一〇年代後半には井上馨、伊藤博文、三条実美、松方正義《まさよし》、大鳥圭介ら、華族、政治家、財界人など上層の人々が別荘を建設し、夏季休暇中に海水浴を楽しむようになった。尾崎は、新橋駅から汽車に乗り一二時五分に横浜に着いた。その後は人力車に乗って山を越え、午後四時に富岡に到着し、「海宝楼《かいほうろう》」という開業したばかりの旅館に宿泊した。帰りは七月一九日の午前七時三〇分に富岡から小船に乗って根岸に着き、根岸からは徒歩と人力車で横浜に出た。横浜に到着したのは九時二〇分で、九時四五分発の汽車で東京に帰った。横浜までの所要時間は一時間五〇分であった。それから四日後の七月二三日、尾崎は妻子を連れて江の島に遊んだ。午前八時に新橋駅発の汽車に乗り、神奈川に出た。神奈川からは人力車に乗り、藤沢で昼食をとって午後二時に江の島に着き、恵比寿屋茂八方に泊った。所要時間は、六時間ということになる（伊藤隆・尾崎春盛編『尾崎三良日記』上巻、中央公論社、一九九一年）。

東海道線が国府津まで開業したのちの一八八七年八月六日、尾崎はふたたび家族とともに江の島、鎌倉を訪れた。横浜発午前一〇時五〇分の汽車に乗ると、程ヶ谷、戸塚などを経て一一時四〇分に藤沢に到着した。藤沢から江の島までは人力車と渡船で一時間ほどであったから、横浜からは二時間もかからないで江の島に行けたことになる（前掲『尾崎三良日記』中巻、一九九一年）。

俳諧の風雲児正岡子規もしばしば湘南を訪れていた。一八九二年一〇月に相模灘の海岸を訪れた子規は、その情景を「流石は相模灘の片はしとて見渡す限り目に障る者なく足元に打ち返す大浪《なみ》小浪は雪を翻して月影千々に砕く」と記し、大磯の月を「名月や大海原は塵もなし」などと詠んだ（正岡子規「大磯の月見」、『日本』一八九二年一〇月一〇日）。一八八三年三月には、新橋駅から終列車に乗って鎌倉に向かった。藤沢駅には、「煙草の煙のくゆる間」に着き、旅籠《はたご》屋で一泊し、翌朝「一番の汽車にて」出立した。鎌倉では、由比ヶ浜、鶴岡八幡宮、建長寺、円覚寺、大仏、頼朝の墓などをめぐり、「泣く〳〵鎌倉を去」った（同「鎌倉一見の記」、『日本』一八九三年四月五日）。

江之島電鉄の江の島・鎌倉遊覧

東海道線、横須賀線の開業によって、江の島、鎌倉は東京・横浜近郊の観光地としての将来性が注目され、一八九七（明治三〇）年には**表4・1**にみるような私鉄八社の出願がなされた。しかし、仮免許状の下付を受けたのは松木直己ほか一〇名によって出願された鎌倉鉄道の鎌倉～藤沢間のみで、他の七社の出願は却下された。ただし、その鎌倉鉄道も設立にはいたらなかった。

そうしたなかで福井直吉ほか四名は、一八九六年に江之島電気鉄道（藤沢～鎌倉間）の設立を軌道条例にもとづいて出願した。福井は、一八七九年から五期にわたって神奈川県会議員をつとめ、九二年に衆議院議員に初当選をはたした政治家で、県会議員時代の仲間であった青木正太郎や石井寅之助らとともに江之島電気鉄道の設立を出願したのであった。

地元の川口村会は、江之島電鉄の敷設に反対であった。鎌倉鉄道が敷設されて、藤沢駅から川口村および腰越村を経て鎌倉町にいたる鉄道が実現すれば、さらに電気鉄道を敷設する必要はなく、道路も狭隘なので敷設はむずかしいというのが主な理由であった（「川口村会議事録」一八九六年二

表4・1「湘南」地区における鉄道敷設計画

会社名	軌間	距離（km）	資本金（円）	区間	出願人
江ノ島遊覧鉄道	3フィート6インチ	20.9	500,000	藤沢～金沢	寺島秋介ほか9名
鎌倉鉄道	3フィート6インチ	26.5	750,000	鎌倉駅～川原口	江波栄次郎ほか11名
	3フィート6インチ	14.5	350,000	雪ノ下～茅ケ崎	武田忠臣ほか7名
	2フィート6インチ	33.0	500,000	鎌倉～藤沢駅	松木直己ほか10名
大船鉄道	3フィート6インチ	77.2	2,000,000	片瀬～大宮	小笠原長壽ほか56名
江ノ島鉄道	3フィート6インチ	26.9	850,000	横浜市～藤沢駅	久能木宇兵衛ほか30名
鎌倉電車鉄道	4フィート8インチ	28.2	700,000	横浜～藤沢	若尾逸平ほか18名
湘南鉄道	3フィート6インチ	14.5	500,000	茅ヶ崎～鎌倉駅	伊藤里之助ほか4名

出典：『第8回鉄道会議議事速記録』第9号、1897年3月31日。

月一九日）。しかし、隣接する鵠沼村では歓迎され、一八九八年一二月二〇日に敷設の特許を得た。

江之島電鉄は、一九〇〇年一一月二五日に東京市京橋区の萬安楼《まんやすろう》で創立総会を開催した。社長には青木正太郎が就任し、福井直吉は取締役にとどまった。それから二年後の一九〇二年九月に藤沢～片瀬間を開業し、観光客ばかりでなく、避暑を求める人びとや海水浴客を多く運び、さらには沿線に別荘地を造成した。

江之島電鉄が片瀬、さらに行合《ゆきあい》橋（現・七里ヶ浜）まで開業すると、官設鉄道は一九〇三年七月に東京、横浜両駅からの「湘南海浜行割引切符」を発売した。この切符は、横須賀、逗子、鎌倉、藤沢、茅ヶ崎、平塚、大磯、二宮、国府津など、湘南の海浜を「随意回遊」することのできる、通用期間七日間の割引乗車券であった（「海浜回遊乗車券の発売」『鉄道時報』一九〇三年七月二五日）。また、江之島電鉄は、この「海浜回遊乗車券」所持者の乗車賃金を割り引くことにし（『読売新聞』一九〇三年七月二六日）、官設鉄道とタイアップして湘南への来遊者の便をはかろうとしたのである。

その後江之島電鉄は、追揚《おいあげ》、極楽寺と路線を延長し、一九〇七年八月には大町まで開業し大仏参拝という新たな観光需要を獲得した。同電鉄はさらに路線を延長し、藤沢～小町《こまち》間が全通したのは一九一〇年一一月であったが、大町駅と横須賀線の鎌倉駅とは歩いて行ける距離なので、大町までの開業をもって実質的に横須賀線鎌倉駅から江之島電鉄の路線を経て東海道線藤沢駅にいたる湘南回遊ルートが完成したといえる。これを契機に官設鉄道は、「片瀬並に江の島遊覧客の便を計り江の島電気鉄道との間に共通切符を発売する計画」をたてた。

また、鉄道院は一九〇九年八月一日から、日曜日ごとに「江の島鎌倉遊覧回遊列車」を走らせることにしたが、江之島電気鉄道も割引券を発売して鉄道院の回遊列車に接続させるとともに、鎌倉の由比ヶ浜や片瀬海岸に休憩所を設け、海水浴客の便宜をはかった。余興に煙火《はなび》を打ち上げ、蓄音器を設備し、記念品として団扇《うちわ》もしくは扇子《せんす》を配ったりもした（『横浜貿易新報』一九〇九年七月三〇日）。また、鉄道院と江之島電鉄は、一九〇九年一月から片道連帯運輸を開始し、同年九月からは往復連帯運輸、回遊連帯運輸も開始した。

江之島電鉄から江ノ電へ

その後、江之島電鉄は横浜電気に吸収合併され、一九一一（明治四四）年一〇月三日に解散となった。悲願の全線開業から一年も経っていなかった。

横浜電気は一八八九年一一月に横浜共同電灯として設立され、以来順調に業績をのばし、神奈川電気、箱根水力電気、横須賀電燈瓦斯《ガス》などを吸収合併するとともに、横浜電気鉄道や横須賀海軍工廠などの大口顧客を獲得し、神奈川県内の電灯事業を独占する勢いとなった。そして、一九一一年一〇月には江之島電鉄を合併して「江之島電気鉄道部」を設け、鉄道事業にも進出した。

その後、横浜電気は東京電燈に吸収合併され、一九二一（大正一〇）年四月に解散し、同年五月からは東京電燈横浜支店となった。同支店内に片瀬出張所が設置され、藤沢〜鎌倉間の電車線は東京電燈江之島線として営業された。東京電燈は、利根《とね》発電の軌道線（旧前橋電気軌道）、高崎水力電気の軌道線（旧群馬馬車鉄道・伊香保電気軌道）、および利根軌道の、群馬県渋川を中心とするいわゆる渋川三線も営業していたが、これらは一九二七年一〇月、東武鉄道に譲渡された。

一方江之島線は、一九二六年七月創立の江ノ島電気鉄道に譲渡された。一九二一年六月九日、陸軍少将の名和《なわ》長憲《ながのり》、藤沢町長で元江之島電気鉄道取締役の金子角之助らは東海土地電気株式会社を発起して、茅ヶ崎〜辻堂海岸〜鵠沼間（本線）および辻堂〜辻堂海岸間（支線）の鉄道敷設免許を申請した。同鉄道は、一九二二年一二月二二日に免許され、同年四月には沿線の別荘地の居住者四百数十人に対し株式の購入を訴えたが、二三年九月一日に関東大震災が発生したため進捗せず、鉄道敷設の計画自体が頓挫してしまった。

東海土地電気の計画は、東京市大井町《おおいまち》に居住する新進気鋭の実業家和田喜次郎が立てたもので、彼は同鉄道の投資価値の高さを説いて回った。その結果、東海土地電気の大株主には、若尾幾太郎（二〇〇〇株）、若尾璋八（一三〇〇株）、若尾鴻太郎（一〇〇〇株）など若尾財閥系の実業家と馬越《まごし》恭平（一五〇〇株）らが君臨することになった。ちなみに和田の所有株数は三〇〇株であった。

東海土地電気は、一九二六年七月一〇日、横浜市の本町会館で創立総会を開催し、社業の機軸を東京・横浜方面からの観光客輸送におき、江ノ島電気鉄道株式会社と社名を改めた。若尾幾太郎が社長に就任し、和田喜次郎は常務取締役となった。

江ノ島電鉄は、一九二一年から二六年にかけて、茅ケ崎線（茅ケ崎～鵠沼間）、辻堂支線（辻堂～辻堂海岸）、大船線（鵠沼～大船間、のち片瀬～大船間に変更）のほか、大船～大崎間、藤沢～鎌倉間などの鉄道敷設を申請し、大船～大崎間、藤沢～鎌倉間の鉄道は却下されたが、そのほかは免許を取得した（一九三〇年に免許失効）。また、一九二七年三月に片瀬から江の島の島内に架空索道線（ロープウェイ）の敷設を計画したが、のちに懸垂電気鉄道（モノレール）に計画を変更し、同年八月に免許を受けた。

江ノ島電鉄は、一九二七年五月一日に東京電灯江ノ島線の譲渡契約に調印し、一九二八年七月一日から藤沢～鎌倉間の江の島線の営業を開始した。

湘南にのびる小田急電鉄

一九二九（昭和四）年四月には、小田原急行鉄道が江ノ島線（相模大野～高座渋谷～六会《むつあい》～片瀬江ノ島間）を開業し、湘南の景勝地江の島にも路線をのばした。新宿～片瀬江ノ島間の直通電車は一時間ごとに発車した。江ノ島線開業当初の営業成績については、「江ノ島支線ノ開通ニ依リ営業哩十七哩ヲ加ヘ、新宿江ノ島間直通運転ハ新《あらた》ニ此《この》方面ノ遊覧客ヲ誘致シ、四月中ニ於《お》ケル新線乗客数ハ実ニ二十数万人ヲ算シ、稀有ノ盛況ヲ呈シタリ」（『第一二回営業報告書』一九二八年一一月～二九年四月）と、まずまずであった。

また、夏季には直通急行が一〇～一五分間隔で運転され、所要時間も一時間一〇～一五分に短縮された。また、開業当初から夏季の日曜日には電車を増発し、一九三一年からは運賃を半額に割り引いて海水浴客の誘致に努めた。こうして小田原急行鉄道は、「山の箱根」に「海の江ノ島」を加え、観光路線の充実をはかったのである。

2　避暑地軽井沢の大衆化

宿場町から避暑地へ

軽井沢は、日本の代表的な高原避暑地として知られている。その軽井沢に関する本格的なガイドブックが現れたのは一九一二（大正元）年八月であった。東京銀座の教文館から出版された佐藤孝一編著『かるゐざわ』は、避暑地軽井沢に関する最初の本格的なガイドブックである。編者である佐藤の経歴は不詳であるが、奥付によると一八八九（明治二二）年七月に軽井沢町で生まれ、東京外国語学校で学んだのち三井物産に入社している。その後、一九一三年に退社し、戦中から戦後にかけて名古屋の愛知整機という会社に勤務していたようであるが、一九五三（昭和二八）年六月に軽井沢町で六十数年の生涯を閉じている。したがって、同書は佐藤が三井物産を退職する一年前に刊行されたことになるが、同書を編纂し刊行するにいたった事情はほぼつぎのようである。

佐藤によれば、軽井沢は、この一五年ないし二〇年のあいだに「東洋唯一の理想的避暑地として、普《あま》く内外人の間に喧伝」され、近年では「我国に於《お》て稀に見る避暑及び療養の理想郷」といわれているが、案内書としては *A Guide Book to Karuizawa* という英文の小冊子があるにすぎない。そこで、軽井沢生まれで同地の地理や歴史に詳しく、現状にも精通している佐藤が、「此地《この》を日本人向きの避暑地として広く世に紹介し、かつ解放し度《た》い」という、かねてからの希望を実現するために「かう云《い》ふあまり例のない案内記」を編んだという。明治期の軽井沢は、外国人向けの避暑地として開発されたのであるが、明治の終わり頃から大正の初めにかけて日本人の別荘や避暑客も増えてきたからである。

江戸期の軽井沢は、追分《おいわけ》、沓掛《くつかけ》とともに中山道《なかせんどう》の浅間三宿の一宿場にすぎなかった。戸数はわずか一〇〇余戸で、坂本宿から軽井沢に上る碓氷《うすい》峠は、東海道の箱根と並ぶ難所として知られていた。明治一〇年代になると、こうした軽井沢にも変化が訪れた。甲州財閥の巨頭の一人である雨宮敬次郎は、一八八三年に官有地五〇〇町歩、民有地六〇〇町歩を買収し、開墾・植林事業に着手し、離山に邸宅（雨宮御殿）を建てた。また、一八八四年に坂本〜離山間に碓氷新道（現在の国道一八号線旧道）が開鑿《かいさく》されると、旧中山道の軽井沢宿は衰退の一途をたどることになった。

一八八五年の夏、アレキサンダー・クロフト・ショーとジェームズ・メイン・ディクソンという二人の外国人が軽井沢を訪れ、冷涼な気候と「泰西的」な景観に魅せられて、ひと夏をすごした。二人は、翌年の夏にも家族とともに訪れ、ショーは高林薫平の居宅、ディクソンは佐藤万平《まんぺい》所有の家屋を借りて滞在した。ショーはカナダのトロント市生まれの英国聖公会の宣教師、ディクソンはスコットランド生まれの英文学者で、一八八六年から九二年まで帝国大学文科大学の教授を務めた。

ショーは、一八八八年に旧軽井沢の大塚山に別荘を建てた。また、ディクソンは万平ホテルの敷地内に旅籠を移築して別荘とした。避暑地軽井沢の誕生である。なお、ショーは以来毎夏を軽井沢ですごし、その風光が避暑地として好適であることを内地在留の欧米人に紹介して来遊を勧めた。そのため「軽井沢の恩父」と仰がれ、大塚山の別荘は聖公会の聖堂のそばに移築されて「ショーハウス」と呼ばれ、今でも軽井沢の重要な観光資源となっている。

日本人として最初に別荘を建てたのは、旧越前藩（現・福井県）出身の退役海軍大佐八田《けった》裕二郎であった。八田は、薩摩閥で占められていた海軍のなかで冷遇され、ノイローゼ気味になって一八九〇年に軽井沢を訪れた。すると、外国人から軽井沢での療養を勧められ、一八九三年に軽井沢の南西端に別荘を建てたのである。

碓氷峠を克服する鉄道

すでに鉄道は、一八八四（明治一七）年六月に上野〜高崎間が開通し、翌八五年一〇月には横川まで延伸していた。また、日本海側からも一八八八年一二月に直江津《なおえつ》〜軽井沢間（直江津線、のちの信越線）が開通していたが、長野県と群馬県の県境にある碓氷峠が障害となり、横川〜軽井沢間には鉄道がなかった。

碓氷峠は古代以来の難所で、横川〜軽井沢間の直線距離八・五キロメートルに対して標高差が約五五〇メートルもあった（標高は横川駅が三八六・六メートル、軽井沢駅が九三九・一メートル）。そのため、当時の技術力では鉄道を敷設するのがむずかしかった。鉄道局長官井上勝の命を受けて一八八三年一一月から工部省の技師・南清《みなみきよし》が調査を開始し、①ループ線やスイッチバックを多用して

碓氷峠のアプト式の軌道とトンネル（明治30年代。鉄道博物館提供）

勾配《こうばい》をおさえる、②急勾配をインクラインによって車両を引きあげる、③フェル式という補助輪を使って急勾配を上下する、などの案が考えられたが、いずれも建設費や輸送力の面で難点があり、採用にはいたらなかった。

一八八九年六月には、お雇い外国人のポーナルによって、二五パーミルの勾配を通常運転で上るというルートが選定されたが、路線距離がのびて建設費がかさみ、工期も長くなるので、採用されなかった。こうして、横川〜軽井沢間の鉄道敷設は頓挫していたが、ちょうど欧米に派遣されていた鉄道局の技師・仙石貢《せんごくみつぐ》らによって、ドイツのハルツ山鉄道で採用されているアプト式が安定した成績をあげているという情報がもたらされた。「アプト式」とは、ローマン・アプトによって開発された方式で、二本のレールの間に歯車を直線にのばした形状のラックレール（歯軌条）を敷設し、車両側の歯車とかみ合わせて急勾配を上り下りする方式で、通常の方式よりも急勾配を上下するのに適していた。

井上鉄道局長官は、お雇い外国人のシャービントンに意見を求め、峠越えにはアプト式が最適との回答を得た。こうして、横川〜軽井沢間にアプト式鉄道を敷設することが決まり、**表4・2**のように和見《わみ》線、入山線、中尾線の三ルートが示され、距離は長いがアプト区間の短い和見線が選ばれた。しかし、鉄道技師の本間英一郎が再度調査を実施した結果、一八九一年二月にアプト区間は長

表4・2 横川〜軽井沢間アプト式鉄道路線案［1890年］

線名	延長（km）	アプト区間 1/15勾配区間延長（km）	トンネル総延長（km）	トンネル個数	もっとも深い谷（m）	橋梁数
和見線	11.7	6.4	4.2	16	27	13
入山線	11.4	7.1	4.2	22	27	19
中尾線	9.9	7.3	4.4	26	27	16

出典：鉄道博物館学芸部編『越境のドラマ！――峠を越える鉄道の物語』2013年。

いが、横川〜軽井沢間を最短距離で結ぶ中尾線に変更された。沿線の碓氷新道を馬車鉄道が運行していたので、建設資材の運搬が容易で建設費を低くおさえられるというのが主な理由であった。

かくて、一八九一年三月、横川〜軽井沢間（碓氷線）にアプト式による鉄道敷設工事が始まった。完成後の碓氷線の路線長は一一・二キロで、そのほぼ四分の三にあたる八・三キロがアプト区間であった。トンネルは二六か所をかぞえ、急勾配中の一八か所に橋梁が架けられたが、ラックレールに大きな力が加わるためバラスト道床とされ、煉瓦アーチが採用された。トンネルや橋梁に使用された赤煉瓦の多くは、埼玉県榛沢郡上敷免村（現・深谷市）の日本煉瓦製造の工場で製造された（日本煉瓦製造株式会社社史編集委員会編『日本煉瓦一〇〇年史』一九九〇年）。

山中での難工事であったため多くの殉職者が出たが、馬車鉄道で建設資材を運ぶことができたので、着工からわずか一年八か月で完成し、一八九三年一月にはドイツから輸入したアプト式機関車の試運転が行われた。しかし、アプト式機関車の操作はことのほかむずかしく、営業運転を始めたのは四月になってからであった。こうして軽井沢には上野から乗り換えなしで鉄道で行けるようになった。

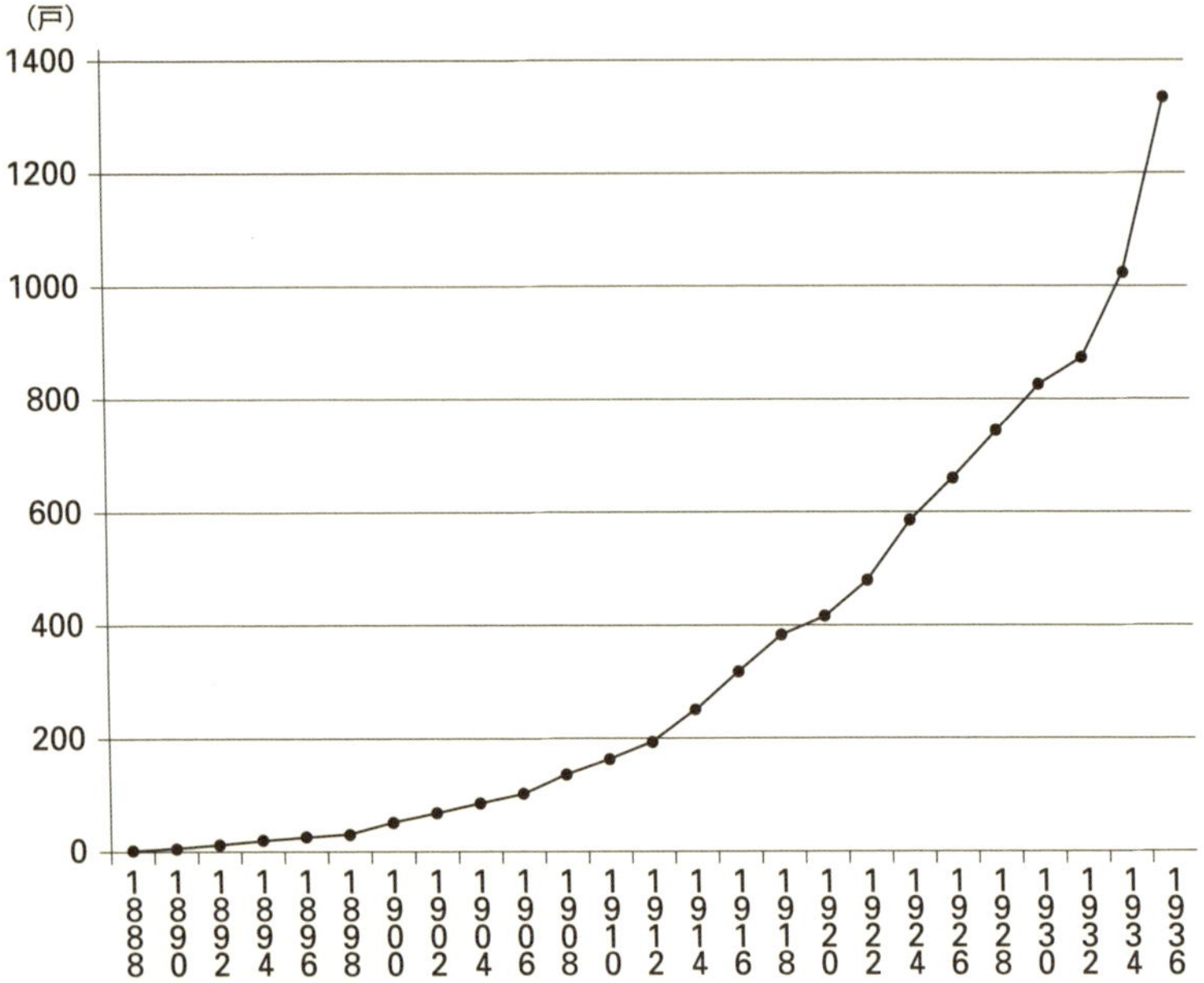

図4・1 軽井沢における別荘の推移

出典：泉寅夫『軽井沢町誌』1936年。

しかし、アプト式鉄道は輸送力や速度の面では通常の鉄道よりも劣っていた。当初は、客車・貨車を六両（牽引定数七〇トン）しか連結できず、横川から軽井沢に上る下り列車の所要時間は一時間一八分、軽井沢から横川に下る上り列車のそれは一時間二〇分で、平均時速は八～九キロであった。また、連続するトンネル内での煤煙と熱気はすさまじく、運転手や乗客を悩ませた。それは、給水のために横川～軽井沢間の中間に熊《くま》ノ平《たいら》駅が設けられたが、そこで降りた乗客が乗車を拒否して車掌を困らせたという逸話が残っているほどである。また、前後の区間に比べて輸送力が極度に落ちるため、貨物を運びきれず横川駅、軽井沢

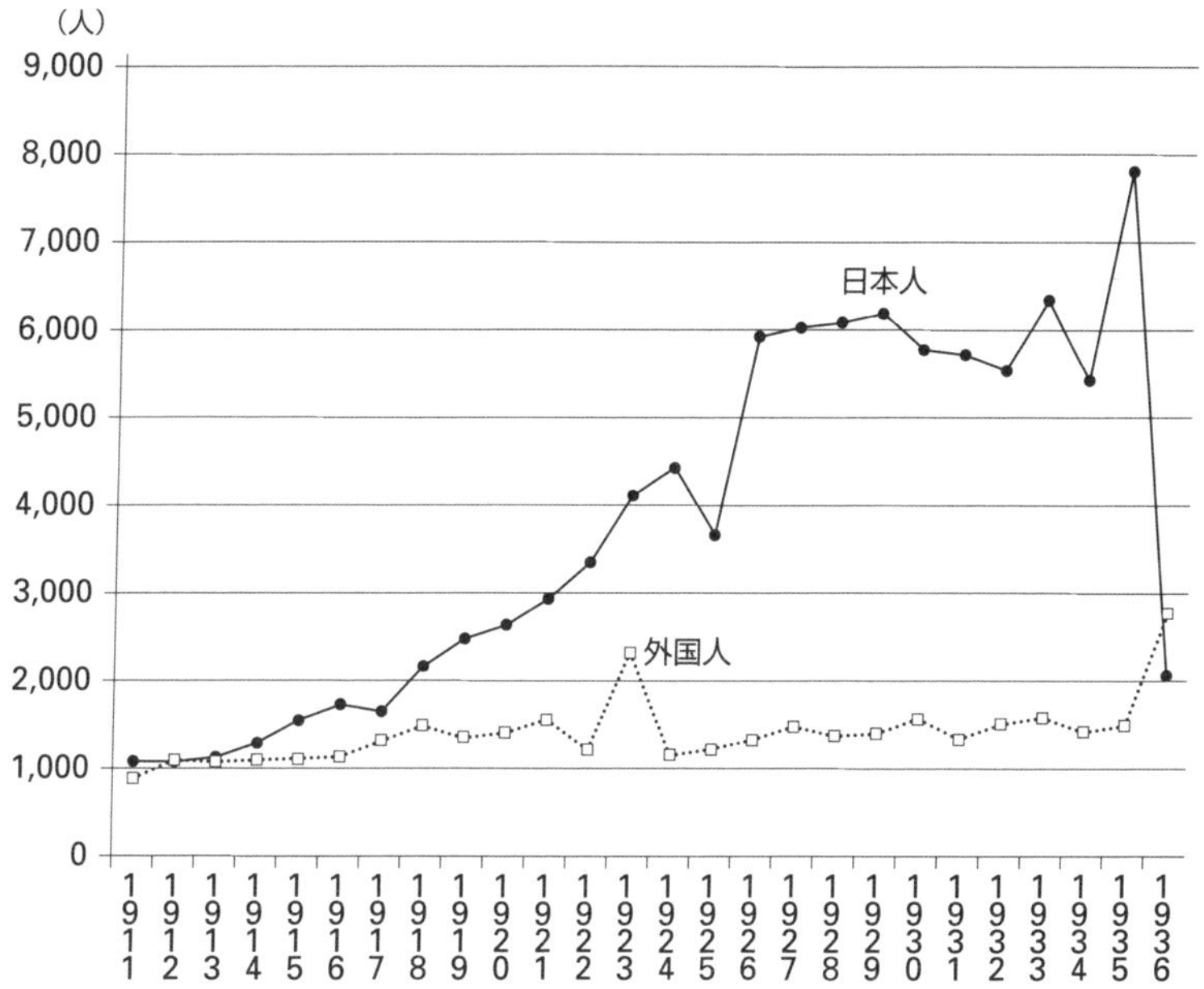

図4・2　軽井沢における避暑客数の推移

出典：前掲『軽井沢町誌』。

駅には滞貨が山積することになった。

しかし、アプト式鉄道の開業によって上野〜軽井沢間の所要時間は五時間四〇分に短縮した。鉄道交通による利便性が高まると、軽井沢では別荘を建てるものが増え、**図4・1**にみるように別荘の数が年々増加し、一九一一年には一七八戸となった。夏を軽井沢ですごす避暑客の数も増え、**図4・2**にみるように一九一一年には日本人五四〇六人、外国人一一九一人、合わせて六五九七人となった。外国人を国別にみると、イギリス人、アメリカ人がもっとも多く、ついでドイツ人、フランス人、中国人の順であった。軽井沢は、国際的な高原リゾート地となりつつあった。

開発の時代

一九〇九（明治四二）年から信越線の追分に、夏季の六月一五日から九月一五日までの三か月間にわたって臨時停車場が設けられ、翌一九一〇年七月には沓掛駅（一九五六年に中軽井沢駅と改称）が開設された。碓氷線では、早くも明治末年には電化が計画され、一九一二年五月に完成した。当時の国有鉄道線では、東京市内の中央線（甲武鉄道の後身）や山手線で電車運転がなされていたが、幹線では最初の電化区間であった。旅客列車から電気機関車の牽引に換えられ、列車の平均速度は時速一九キロに向上し、横川〜軽井沢間の所要時間は一時間一七分から四七分に短縮され、煙害からも解放された。

このように大正期になると、交通の利便性がいっそう高まり、軽井沢は開発の時代を迎えた。一九一四（大正三）年の上野からの下り列車は七本で、所要時間はもっとも速いもので四時間五〇分、平均五時間二〇分であったが、二三年には列車本数が一三本に増え、所要時間も一〇分前後短縮された。また、追分の臨時停車場も、一九二三年一〇月に信濃追分駅（現・しなの鉄道信濃追分駅）として正式に開設されることになった。軽井沢駅、沓掛駅、信濃追分駅の乗降客数の推移をみると**表4・3**のようで、三駅ともに利用者が著しい増加をきたしている。

軽井沢の開発の時代を支えたのは、野沢源次郎、星野嘉助、堤康次郎らであった。野沢は、生家は貿易商社であったが、病弱であったため軽井沢に転地療養にやってきた。そのさいに外国人の軽井沢での休養生活をみて、日本人向けの別荘地の造成に乗り出した。一九一四（大正三）年にイギ

表4・3 軽井沢・沓掛・信濃追分3駅の乗降客数の推移

（人）

年度	軽井沢駅		沓掛駅		信濃追分駅	
	乗客	降客	乗客	降客	乗客	降客
1913	41,489	47,288	28,275	28,844	1,504	1,619
1914	42,871	49,615	28,431	28,278	1,605	1,755
1915	45,964	51,884	31,337	30,879	2,019	2,193
1916	45,019	48,830	31,956	31,274	2,158	2,341
1917	63,886	82,589	36,235	35,512	3,040	3,259
1918	81,214	84,818	41,731	39,933	3,050	3,669
1919	97,060	103,290	56,566	53,281	5,916	6,006
1920	161,254	178,388	57,923	54,433	6,468	6,621
1921	119,937	127,324	56,301	54,685	7,540	7,999
1922	117,185	122,741	62,223	58,613	8,809	9,435
1923	122,818	127,371	69,446	64,296	27,226	28,645
1924	136,198	146,435	76,859	70,366	35,024	35,584
1925	133,139	141,702	73,228	66,433	37,318	37,510

出典：軽井沢町誌刊行委員会『軽井沢町誌』1988年。

リス公使の別荘、翌一五年には川田龍吉《りょうきち》、肥田浜五郎所有の土地を譲り受け、周囲の土地と合わせて離山から三度山にいたる二〇〇万坪を開発し、土地分譲と別荘経営を始めた。野沢の建築した別荘は、アメリカ屋の設計による豪華な洋風建築で、購入者は徳川慶久、大隈重信、細川護《もり》立《たつ》、後藤新平、加藤高明、鈴木喜三郎らの華族や政治家が多かった。

中軽井沢の星野温泉を開発したのは二代星野嘉助（国次）であった。小瀬《こせ》温泉から星野にいたる湯川の川床には温泉の露頭があり、二〇度ぐらいの湯が湧き出ていた。赤岩鉱泉と呼ばれ、けがややけどに効くといわれていた。二代嘉助は佐久の岩村田で製糸業を営んでいたが、中軽井沢の赤岩、横沢地区に所有していた山林を切り出して製材業を始めた。湯川筋に五〇人以上の職工を擁する四つの製材工場をもち、東京深川の木場《きば》や柏崎の日本石油に木材や石油箱を出荷していた。

一九一〇年八月の九日から一七日の大雨で、軽井沢一帯は信越線の鉄橋も流失するほどの大洪水となり、湯川の川筋に立ち並んでいた製材工場も流されてしまった。致命的な打撃を受けた二代嘉助は、赤岩鉱泉の塩壺の湯を買い取り、一九一三年に上田から宮大工を呼んで神社風の浴場を建設し、赤岩鉱泉を星野温泉と改称した。一九一四年には旅館も完成し、翌一五年には「明星館」と名づけられた。なお、二代嘉助は、鈴木三重吉と北原白秋の主宰する「芸術自由教育講習会」に製材所を改造して講堂として提供していた。また、星野温泉には巌谷小波《いわやさざなみ》、島崎藤村、山本鼎《かなえ》、弘田龍太郎らが逗留し、あたかも「作家の宿」とでもいうような観を呈していた。

堤康次郎の開発

しかし、この時代に軽井沢をもっとも大規模に開発したのは、西武グループの創業者として知られる堤康次郎《つつみやすじろう》であった。堤康次郎は一八八九（明治二二）年、ちょうど大日本帝国憲法が発布された年に滋賀県愛知《えち》郡八木荘村で生まれた。早稲田大学卒業後、前出の箱根土地会社（のちの国土計画興業、コクド）を設立して、軽井沢、箱根の別荘地や観光地の開発、目白文化村、大泉学園都市、国立学園都市などの住宅地開発に取り組むとともに、鉄道、自動車などの交通事業、遊園地、百貨店、ホテルなど流通・レジャー・観光事業などを手がけた。その堤の事業の出発点となったのが軽井沢の開発にほかならなかった。

堤康次郎は、一九一七（大正六）年の春に初めて軽井沢を訪れ、沓掛に足を踏み入れた。その年の一〇月には、沓掛区長の土屋三郎と区有地の売買予約をなし、一二月に藤田謙一を社長に据えて沓掛遊園地株式会社（資本金二〇万円）を設立し、区有地六〇万坪（実測は約八〇万坪）を三万円で買収した。

堤は、さっそく道路、水道、電灯、電話などの敷設に着手し、一九一九年には別荘地の分譲を開始した。買収価格は坪三銭七厘であったが、販売価格は坪九円であった。堤は、土地付別荘も売りに出したが、それは「簡易別荘」と呼ばれ、旧軽井沢の別荘のように上流階級のものではなく、会社員、公務員、銀行員、教師などの俸給生活者、すなわち日露戦争後から第一次世界大戦後にかけて成長してきた「新中間層」向けの別荘であった。販売価格は、土地一〇〇坪、建坪七坪のAタイプが五〇〇円、土地一〇〇坪、建坪一一坪のBタイプが八〇〇円であった。堤は、ここを「千《せん》ヶ滝《たき》遊園地」と名づけ、さらに開発を進めていった。

時代は少し下って一九三五年のものと思われるが、箱根土地会社のパンフレット「軽井沢千ヶ滝のプロフヰル」には、軽井沢千ヶ滝の簡易別荘がつぎのように紹介されている。

◇国際都市軽井沢—と云《い》つただけで直《ただ》ちに軽井沢の豪華なサマー・ライフを想像されますが、試みに軽井沢行の季節列車「高原」「涼風」にお乗りになれば別荘へゆく多数の楽しそうな人々の顔を見いだすでせう。けれども軽井沢の天恵は決して一部少数の人々にのみによつて独占さるべきものではありません。真に都会に奮闘努力する、多数の中産階級の人々こそこの天恵を享《う》くる最も有資格者であり、必要者であらねばならぬと信じます。
◇この意味に於て多数の都人士が軽井沢生活を享楽さるゝよう本社は採算を度外視して今回土地

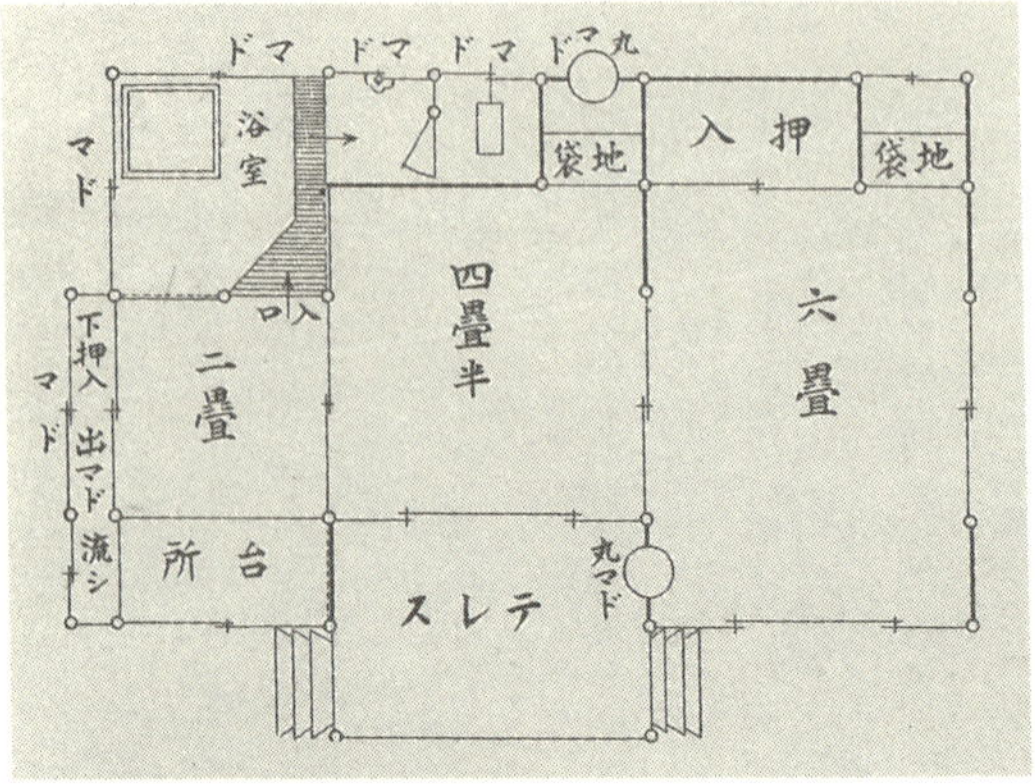

図4･3 500円別荘の間取図

出典：箱根土地『軽井沢千ヶ滝のプロフヰル』1935年。

百坪に上図の如《ごと》き新築別荘を電灯、水道つき五百円で奉仕的に売出すこと丶致しました。
殊《こと》にこの別荘の特色として推賞さる丶のは左の点です。
一、お留守中は会社事務所で管理し、家具類も会社倉庫に保管しますから安全で維持費もか丶りません。
一、この別荘が不要になつた時は御希望により会社は他へ賃貸又は御売渡しの仲介を致します。
一、会社の経営地は約二百坪で過去二十年間約三百万円の施設をして来ましたが、今後益々施設の改善をなし、別荘戸数も激増しますから地価は次第に騰貴します。即《すなわ》ち別荘を実用に供しつ丶相当よき利廻りとなるわけです。
◇御家族の休養と御健康のためすぐ住めるこの五百円別荘をお奨め致します。

当時、軽井沢には夏の間、上野から「高原」「涼風」という季節列車が走っていて、身近な避暑地になりつつあった。堤は、この軽井沢で五〇〇円別荘を販売した。間取りと外観は**図4・3**のようであるが、本来は価格八〇〇円のBタイプであったものをAタイプの価格五〇〇円で売りに出したものであった。この価格設定が「採算を度外視して」「奉仕的に売出す」という宣伝文句の所以《ゆえん》かと思われるが、軽井沢の「天恵」を享受するのは、一部の上流階級の人びとではなく、「真に都会に奮闘努力する、多数の中産階級」でなければならないという、堤の理念を反映したものとみることもできる。

ただし、興味深いのは賃貸や売渡しによって別荘の資金化が可能であること、土地価格の騰貴が見込めるので、相当の利回りになると強調されていることである。軽井沢の別荘の売買が、すでに投資の対象ともなっていたのである。

草軽電鉄と軽井沢

第三章で述べたように、一九〇九（明治四二）年二月、黒岩忠四郎（望雲閣）、中沢市郎次（大坂屋）、市川善三郎（一井）、山本与平次（大東館）、黒岩誠一郎、湯本柳三郎（日新館）など、草津温泉の旅館主が中心となって、草津～沓掛（のち新軽井沢）間に軽便鉄道を敷設することを目的に草津興業株式会社が設立された。同鉄道敷設の主眼は、貨物を運搬し、製紙業などの「地方産業ノ発展」を促進することにあったが、同時に「旅客往復ノ用ニ供シ以テ衆庶ノ利便ヲ謀《はか》」ることも目的としていた。というのは、「近年草津、川原湯、鹿沢《かざわ》、万座《まんざ》、等附近ノ温泉ニ遊フモノ」が増えてきたので、交通の便を確保する必要があると考えられるようになったからである（「草津興業株式会社創立趣意書」一九〇九年二月二三日）。

草津軽便鉄道が開業すると、草津温泉の浴客は軽井沢経由で行くようになった。また、沿線には

昭和初期の新軽井沢駅（前掲『草軽電鉄の詩』より）

北軽井沢避暑地、吾妻《あがつま》避暑地、嬬恋《つまごい》避暑地などの別荘地が開発された。日新館という草津の旅館が発行した『軽井沢草津遊覧案内』（一九二七年頃）というパンフレットには、「省線軽井沢駅を下車なさると眼の前に広々した落葉松《からまつ》の高原を御覧になるでせう。落葉松《からまつ》にかくれて散見する赤い屋根も軽井沢らしい魅力があります。／駅と向ひ合つて草津電気鉄道の新軽井沢駅が皆さんを歓迎して居ます」とある。草津電気鉄道の新軽井沢駅は省線軽井沢駅と向かい合っていた。当時、軽井沢には七〇〇余戸の別荘があり、夏季には日本人約六〇〇〇人、外国人約二〇〇〇人の避暑客があった。また、東京、横浜、神戸などから二〇〇軒余の商店が出張し、「一種独特の軽井沢情緒」を醸し出していた。なお、出張店の内訳は英字新聞二、書籍五、運動具一、自動車四、骨董一七、和洋食料品一四、陶器三、婦人子供服九、洋服一四、毛皮一、羽布団一、レース一一などであった。

コラム　熱海の盛衰

日本では珍しい間歇泉《かんけつせん》の熱海温泉は、江戸期から湯治客の来遊でにぎわっていた。江戸（東京）と京都を結ぶ東海道は、小田原から早川沿いに箱根に向かっていたが、熱海には海岸沿いに熱海街道（小田原道）が通じていた。一八八一（明治一四）年前後に沿道の有志によって新道が開鑿《かいさく》され、小田原〜熱海間を半日かけて行き来していた駕籠は人力車にとって代わられた。

金沢丹後『熱海紀行』（一八八一年）によれば、熱海への道のりはつぎのようであった。すなわち、新橋発午前七時の汽車に乗り、神奈川駅で下車して馬車に乗り換え、夕方の五時頃に小田原に着いた。翌日の払暁、駕籠に乗って出立すると、まもなく熱海街道に入り、門川から人力車に乗って、午後四時、熱海に着いた。このように、金沢丹後は東京から熱海に行くのに丸二日を要したのである。

これに対して、一八八六年に熱海に出かけた坪内逍遥《しょうよう》は、その日のうちに熱海に着いている。すなわち、朝の七時に新橋駅を発ち、神奈川駅からは乗合馬車で小田原まで行き、そこで人力車に乗ると、その日の夜には熱海に着いたのである。

明治一〇年代の熱海は、上流社会向けの温泉保養地、避寒地として知られていた。まだ大磯、逗子、鎌倉などの湘南は開けておらず、熱海が避寒地としての地位を独占していた。

しかし、すでにみたように明治二〇年代になって東海道線や横須賀線が開通すると、大磯、逗子、鎌倉、逗子などの湘南地方が避寒地として発展し、熱海の地位をおびやかすようになった。熱海に行くには、国府津あるいは沼津まで汽車を利用し、国府津から小田原まで馬車鉄道に乗り、小田原または沼津からはそれぞれ七里（約二七キロ）の道を、五時間ほど人力車に揺られなければならなかった。その一方で、東海道線が国府津までのびると、大磯が海水浴場、別荘地としてにぎわうようになった。横須賀線が開通すると鎌倉が著名になり、東海道線が箱根を越えて静岡に達すると、沼津や興津が静養地としてうかびあがってきた。東京から熱海に行くよりも、興津に行く方が二時間も早くなったのである（熱海市史編纂委員会編『熱海市史』下巻、一九六八年）。

第五章　私鉄経営者の戦略と観光開発

1　小林一三の宝塚開発

——寒村だった宝塚

小林一三《いちぞう》は、一八七三（明治六）年一月三日、山梨県の北巨摩《きたこま》郡韮崎《にらさき》町（現・韮崎市）に生まれた実業家で、若尾逸平、雨宮敬次郎、根津《ねづ》嘉《か》一郎《いちろう》ら甲州財閥の系譜につながっていた。箕面《みのお》有馬《ありま》電気軌道（現・阪急電鉄）を創業し、鉄道沿線で電灯・電力の供給、土地・家屋の販売、宝塚新温泉と宝塚少女歌劇、阪急百貨店の経営など多角経営を展開し、「日本型私鉄経営」と呼ばれるビジネスモデルを確立した企業家として知られている（老川慶喜『小林一三——都市型第三次産業の先駆的創造者』ＰＨＰ研究所、二〇一七年）。なかでも、宝塚の経営は特筆さ

小林一三（阪急電鉄提供）

れなければならない。小林は、宝塚に新温泉を開発したのを皮切りに、宝塚歌劇団を生み育て、多くのレジャー施設を整備して宝塚を「大衆娯楽の理想郷」に仕上げたのである（津金澤聰廣『宝塚戦略――小林一三の生活文化論』講談社現代新書、一九九一年）。

その小林によれば、もともと宝塚は「大阪市と神戸市より程近い地点にあって、美しい六甲の峰つづきである譲葉嶽《ゆずりはだけ》の山麓に位して、生瀬《いくせ》の渓谷から奔流して来る武庫《むこ》川の早瀬にそうた、すこぶる風光明媚な景勝の地」で、宝塚音楽歌劇学校を始めた一九一〇年代の後半には「見る影もない寂しい一寒村」にすぎなかった。「宝塚」という名称は温泉の名であって、今日のような地名ではなかったのである。

しかもその温泉は、「すこぶる原始的な貧弱極まるもの」であった。川のなかに突き出した武庫川の岸に「ささやかな湯小屋」が設けられており、塩尾寺《えんぺい》へ登って行く道の傍らに、観世音を祀《まつ》った一軒の小屋があって、尼さんが一人いた。湯に入るものはそこへ参詣をしてから、流れの急な湯小屋の方へ下りて行った。その湧出する鉱泉を引いて、初めて浴場らしい形を見せたのは一八九二（明治二五）年のことであった。それ以後、湯治客が若干増えたが、多数の浴客を誘引する設備に欠けていたので、それほどめざましい発展はみられなかった。

小林は、このような宝塚に新温泉を開設し、「大衆娯楽の理想郷」を築いたのである。小林が宝塚の開発をめざしたのは、「電車を繁昌させなくてはならないから、何とかしてお客をひっぱろうと」考えたからで、「何も宝塚というところがいいからといってやったわけではな」かった。電車事業とは「都会と都会を結ぶ」もので、宝塚線のように大阪という大都会を起点にしても、終点が「山と川」だけの宝塚ではもうからないのである。そこで、宝塚に新温泉を開業し、レジャー施設を充実させ、宝塚歌劇団を創設したのである。宝塚は、このように「無理にこしらえた都会」であった（小林一三『宝塚漫筆』実業之日本社、一九五五年）。

箕面有馬電気軌道の開業

箕面有馬電気軌道の資本金は五五〇万円（一一万株）で、梅田～池田～宝塚～有馬間、池田～箕面間、および宝塚～西宮間の路線敷設を計画していた。一九〇七（明治四〇）年三月、一株につき一二円五〇銭の払込みを通知したが、日露戦後恐慌の影響で、証拠金の二円五〇銭を捨てても払込みに応じないという株主が続出し、一一万株のうち五万四一〇四株、すなわち約半数の株式が未引受けとなっていた。

こうして箕面有馬電軌の設立は危ぶまれ、解散の瀬戸際まで追い込まれた。京阪電車（京都～大阪間）、神戸市電（神戸市内）、兵庫電車（神戸～明石間）、奈良電車（大阪～奈良間）ならばいざ知らず、有馬温泉や箕面公園に電車を敷いても見込みがないというのが一般の人びとの見方であった。また発起人の間でも、すでに使ってしまった二万数千円の創立費をどのように負担するのか、解散するのならできるだけ早い方がよいというような意見が多数を占めていた。

小林は、あるとき箕面有馬電軌の沿線を歩きながら考えた。沿線には理想的な住宅地がたくさんあり、しかも地価が安い。したがって一坪一円で五〇万坪ほど買い集め、これを鉄道開通後に二円五〇銭の利益をのせて転売すれば、半期ごとに五万坪売れたとしても各期一二万五〇〇〇円の利益が出る。当初から住宅地経営を始めておけば、電車でもうからなくても利益が出て、株主を安心させることができる。

箕面有馬電軌は、一九〇七年一〇月一九日に大阪商業会議所で創立総会を開いた。小林は専務取締役となり、実際の経営を担った。そのほか、取締役には井上保次郎、松方幸次郎、志方勢七《しかたせいしち》、藤本清兵衛らが名をつらね、監査役には野田卯太郎《うたろう》、平賀敏《さとし》、速水太郎が就任した。

建設工事は、大林芳五郎の率いる大林組に一任した。大林芳五郎は、一八九二年に土木建築請負業を創業し、一九〇四年に店名を大林組とした。北浜銀行の岩下清周《きよちか》に見込まれ、日露戦争期から北浜銀行系の企業として飛躍的な発展をとげていた。

工事は順調に進み、計画よりも三週間も早い一九一〇年三月一〇日に開業した。京阪電車、神戸市電、兵庫電車の敷設、さらには南海鉄道の電化よりも早く箕面有馬電軌が開業したのである。『大阪朝日新聞』（一九一〇年三月一一日）は、開業当初の様子を「箕面電車は開通早々中々《なかなか》の人気で、十日には切符の売上千六百五十円に達したそうだ。少し腰掛《こしかけ》の狭いのと運転の振動でピリピリと頭へ響くのが遺憾だが、線路は丘陵の間を走るので、南海や阪神に比すると変化があって面白い」と伝えている。箕面有馬電軌のすべりだしは好調のようであったが、遊覧線としての性格が強かったといえよう。

郊外住宅地の開発

小林一三は、箕面有馬電軌の経営は電鉄業だけでは成り立たないと考え、沿線で住宅地の開発を企て、一九〇八（明治四一）年一〇月には『最も有望なる電車』という宣伝用のパンフレットを、みずから筆をとって作成した。三七頁からなるこのパンフレットは、建設予算から建設工事の説明、収支の見込み、住宅地の経営、遊覧電鉄の真価などを詳述したもので、発行部数は一万部にも及んだ。

小林は、このパンフレットで、三井物産の仲介・金融を得ていること、格安な費用で建設できることなどを長所としてとりあげ、株主には未開業のうちは五パーセント、開業後は八パーセントの配当を約束し、計画している事業がうまくいけば一〇パーセント以上の配当も夢ではないと宣伝した。その根拠は、住宅地の経営にあった。住宅地経営は、外国の電鉄会社ではさかんに行われていることであるとしたうえで、つぎのように箕面有馬電軌の沿線がいかに住宅地として優れているかを説明した。

会社の所有となるべき土地が気候適順、風景絶佳の場所に約二十万坪、僅《わず》かに梅田から十五分乃《ない》至《し》二十分で行けるところにあります。此所《ここ》に停留場を設け大いに土地開発の策を講じて沿道の乗客を殖やし、同時に土地の利益を得ようと云ふ考へです。

ついで小林は、一九〇九年の秋、箕面公園の紅葉の頃をみはからって『住宅地ご案内――如何《いか》なる土地を選ぶべきか、如何なる家屋を選ぶべきか』というパンフレットを発行した。ここで小林は、「美しき水の都は昔の夢と消えて、空暗き煙《けむり》の都に住む不幸なる我が大阪市民諸君よ！」と呼びかけた。

日清戦争（一八九四～九五年）と日露戦争（一九〇四～〇五年）にはさまれた産業革命期に、大阪はかつての「美しき水の都」（商業都市）から「空暗き煙の都」（工業都市）へと変貌した。小林は時代の変化をこのようにとらえ、「箕面有馬電車たるものは、風光明媚なる其沿道住宅地を説明し

表5・1　箕面有馬電気軌道の沿線所有土地

場所	大阪からの距離（km）	大阪からの時間（分）	面　積（坪）
第1区　梅田			880
第2区　服部天神付近	7.9	10	15,600
第3区　曽根付近	8.8	11	33,700
第4区　岡町付近	10.2	13	64,700
第5区　同	10.2	13	50,000
第6区　麻田付近	11.8	16	12,640
第7区　分岐点付近	7.4	20	27,900
第8区　池田新住宅地及付近	16.0	23	33,020
第9区　中山及米谷梅林付近	21.9	30,35	11,900
第10区　箕面公園付近	17.9	25	61,920

出典：小林一三『逸翁自叙伝』産業経済新聞社、1953年。

『如何なる土地を選ぶべきか』の問題を諸君に提供すべき義務あるを信ぜんとす」と宣言した。なぜなら、「最も適当なる場所に三十余万坪の土地を所有し、自由に諸君の選択に委《まか》し得べきは、各電鉄会社中、独り当会社あるのみ」だからである。小林は、ここでも阪神、南海、京阪など、他の電鉄会社に対する箕面有馬電軌の優位性を誇っている。箕面有馬電軌の所有する住宅地は**表5・1**のようで、大阪の梅田から距離にして二二・五キロ、時間にして三五分以内の沿線に合計三一万二二六〇坪の住宅地を所有していた。

　小林はさらに「住宅地として各々《おのおの》好む処を選ぶ以上は其《その》風光に調和し、尚《な》ほ且《か》つ衛生的設備の完全したる家屋即《すなわ》ち住宅其物の設計も亦《ま》た等閑視すべきにあらず」として「如何なる家屋に住むべきか」について、つぎのように論じた。

巨万の財宝を投じ、山を築き水を導き、大廈《たいか》高《こう》楼《ろう》を誇らんとする富豪の別荘なるものは暫《しばら》く措《お》き、郊外に居住し日々市内に出でて終日の勤務に脳漿《のうしょう》を絞り、疲労したる身体を其《その》家庭に慰安せんとせらるゝ諸君は、晨《あした》に後庭の鶏鳴《けいめい》に目覚め、夕《ゆうべ》に前栽《せんざい》の虫声を楽しみ、新しき手造りの野菜を賞味し、以《もっ》て田園的趣味ある生活を欲望すべく、従つて庭園は広きを要すべし、家屋の構造、居間、客間の工合、出入に便に、日当り風通し等、屋内に些《いささ》かも陰鬱の影を止めざるが如き理想的住宅を要求せらるゝや必せり

箕面有馬電軌が販売する郊外住宅は「富豪の別荘」のような大邸宅ではなく、毎日大阪市内に通勤し家庭に慰安を求める人びと、すなわち「新中間層」の住宅であった。沿線の土地や住宅を賃貸するとともに、土地付き分譲住宅を一〇年間の月賦で販売した。まず、一九一〇年六月に池田室町で二万七〇〇〇坪の土地を分譲した。池田室町で売り出された住宅は一区画一〇〇坪、二階建て五～六室の文化住宅で、和風と洋風の二種類があり、価格は二五〇〇円ほどであったが、売価の二割を頭金とし、残金は一〇か年賦で支払うことになっていた。したがって、月に二四円の支払いで、この文化住宅を手に入れることができた。ついで、豊中《とよなか》、桜井、岡本、千里山《せんり》などでも土地分譲を行った。小林の土地経営は「日本に於ける土地住宅経営の元祖」であり、「誇り得る好成績」をあげたのである（小林一三『逸翁自叙伝』産業経済新聞社、一九五三年）。

箕面動物園と宝塚新温泉

箕面有馬電気軌道の乗客を増やすには、一日も早く沿線を住宅地として開発する必要があった。しかし、短日月に住宅地開発を実施するのはむずかしかったので、沿線が住宅地として発展して乗

客数が固定するまで、何らかの遊覧施設をつくって乗客を誘致しなければならなかった。その遊覧地の候補として選ばれたのが箕面と宝塚であった。

箕面に動物園が開園したのは、一九一〇（明治四三）年一一月であった。当時近畿地方では、京都以外には動物園がなかったので開業当初は多くの遊覧客を集め、予想外の好成績を収めた。箕面有馬電軌の『第七回営業報告書』（一九一〇年一〇月～一一年三月）は、「開園後引続キ園内ノ設備ヲ完成シ動物ノ整理ヲ為《な》シ漸次《ぜんじ》入場者ノ増加ヲ見ルニ至リ運輸収入ニ対シ多大ノ影響ヲ与へ、両々相《あい》俟《まっ》テ既ニ本期間中相当ノ利益ヲ挙ゲ得ルニ至レリ」と述べている。箕面動物園の入園者の増加にともない、箕面有馬電軌の乗客数も増えた。小林のねらいは的中したといえる。

一九一一年五月には宝塚に新温泉が開業した。宝塚の旧温泉をふくむ開発計画が宝塚の人びとに受け入れられなかったため、武庫川原の埋立地を買収して新温泉をつくったのである。新温泉は、大理石の浴槽と広壮な施設が整備されており、毎日何千人という浴客が訪れて繁盛した。箕面有馬電軌の『第八回営業報告書』（一九一一年四～九月）は、開業当初の宝塚新温泉について「新温泉ノ開業ハ地方ノ殷賑《いんしん》ヲ促《うな》ガシ、商家旅館相次《あいつい》デ新築セラレ、今ヤ一新ノ感アリ。由来宝塚ハ温泉ヲ以テ著《あら》ハル。加フルニ風光明媚、其《その》武庫川ヲ隔テ、巒峯《らんほう》ニ対スル佳景云フベカラズ。将来ノ発展期ス可キナリ」と述べ、その発展に期待を寄せていた。

宝塚集中主義への転換と宝塚歌劇の始まり

しかし、その後箕面動物園の入園者数は減少の一途をたどった。第一次世界大戦開始後の景気の悪化によって遊覧客の数が減少したからでもあったが、一九一五（大正四）年一月に大阪の天王寺《てんのうじ》に大阪市立動物園が開園したことも大きな打撃となった。

箕面動物園では、自然の岳岩《がくがん》を利用して猛獣を飼うことにしたが、軽微な地震でも岳岩に亀裂がはいり土砂の崩壊がおこった。また猛獣の飼育はむずかしく、維持費も多くかかった。さらに箕面公園は自然の景観が美しい天然公園であったので、ここを俗化させることは大阪市民の望むところではなかった。そこで、箕面公園の大自然は「永久に保護」することとし、宝塚を集中的に開発することにした。箕面動物園は、一九一六年三月に閉鎖となった。

一方、宝塚には一九一二年七月に近代的な洋館を建設し、最新式の室内水泳場を中心とした娯楽設備を設け、「パラダイス」と名づけた。当時の日本では最初の試みであったが、男女が一緒に泳ぐことが許されないなど、さまざまな制約のなかで結局は失敗におわり、プールを板張りにし広間として使用した。

そこで、この水泳場を利用して何か温泉場の余興を演じ、遊覧客を集められないかとさまざまな検討が加えられた。その頃、大阪の三越百貨店の少年音楽隊なるものが評判になっていた。二、三〇人の可愛らしい楽士が、赤地格子縞《こうしじま》の洋装に鳥の羽根のついた帽子を斜めにかぶって、各所の余興にサービスをしていた。宝塚新温泉でもこれをまねて、三越の指導を受け、女子音楽隊を設けることにした。すなわち、一九一三年七月に宝塚唱歌隊（のちの宝塚少女歌劇団）なるものを組織し、一五、六名の少女を募集して唱歌を歌わせようということになったのである（前掲『宝塚漫筆』）。

一九一四年四月、宝塚の新温泉で「ドンブラコ」「浮れ達磨」「胡蝶の舞」など、宝塚唱歌隊による歌劇や舞踊が演じられた。小林は、のちにこれを「温泉場の余興として生れた」とはいえ、「日本歌劇に於《お》ける先人未踏の新分野を開拓せんが為《た》めに、健気《けなげ》にも振り上げた最初の鍬」であったと述べている。また、一九一五年一〇月には、帝国劇場の座頭《ざがしら》で天下の名優として知られていた七代目松本幸四郎が宝塚歌劇団を視察し、「日本の芸術界に新生面を開いた創業的光明が東京にあらずして大阪の宝塚、而《しか》もそれが専門家の手によらずして、電鉄会社の娯楽場に於いて生れたといふ事は実に感慨無量に堪へぬのであります」と語った（前掲『逸翁自叙伝』）。

宝塚唱歌隊は一九一三年一二月に宝塚少女歌劇養成会となり、一八年五月には帝国劇場に出演し、念願の東京進出をはたした。その後、一九一九年一月には私立学校令による宝塚音楽歌劇学校となり、養成会は解散した。宝塚少女歌劇団は、宝塚音楽歌劇学校の発表機関として組織されたのである。

宝塚の進化

一九二一（大正一〇）年九月、宝塚と西宮北口を結ぶ西宝線（現・今津線）が開業し、宝塚南口駅が宝塚新・旧温泉への玄関口となった。そして、翌一九二二年四月に西宝線の全線複線化が完了すると、阪急電鉄は宝塚を「遊覧場トシテ内外ノ設備ヲ充実セシムル」という方針を立て、六月に野球場、一一月に遊園地を竣工させた。

一九二三年一月、宝塚新温泉で火災がおこり、歌劇場、食堂、休憩室、廊下などが焼失し、残ったのは温泉浴場一棟だけとなった。しかし、小林一三はこれを、むしろ宝塚を「民衆娯楽の理想郷」とする好機ととらえた（吉原政義編『阪神急行電鉄二十五年史』阪神急行電鉄、一九三二年）。まず、中劇場の新築に取りかかり、二か月後の三月二〇日に竣工、四月一六日から公演を開始した。つづいて遊園地、小劇場などの諸設備が完成し、遊園地の隣に植物園を建設することにした。八月一五日までにはパラダイスや食堂が新築され、運動場も完成した。一九二四年七月には約四〇〇〇人の観客を収容し得る大劇場が竣工し、ルナパークが開園した。そして一九二九年一一月には新温泉とルナパークの連絡橋、三一年一一月にはルナパークと植物園の連絡橋が完成し、宝塚は子どもづれの家族が一日を楽しくすごせる一大レジャーランドとなった。なお、一九三五年一月にも火災がおこり大劇場を焼失したが、四月には再建された。

こうして西宝線の開通後、宝塚はより進化し、阪急沿線の代表的な行楽地となった。一九三七〜三八年頃に執筆されたと思われる『小浜《こはま》村誌稿』によれば、宝塚には温泉旅館が建ち並び、東洋一の歌劇場、旧温泉、ダンスホール、ホテル、大運動場、ゴルフ場などが整備され、「阪神間唯一の歓楽境となり、その盛隆日に月に進み四季を通じての娯楽機関の完備せる事恐らくは他に比類なき地」となった（宝塚市史編集専門委員編『宝塚市史』第六巻、一九七九年）。また、小林自身も宝塚について、「四十余年前、武庫川畔の一寒村が今日、大衆娯楽のメッカ、宝塚という都会に生長した。演劇や文筆にあこがれた私の若い日の情熱が、事業家としての夢が、そのまま宝塚歌劇に、宝塚の街に実を結んでいる」と語っている（前掲『宝塚漫筆』）。

2 「鉄道王」根津嘉一郎と日光の観光開発

相場師から実業家へ

根津嘉一郎《ねづかいちろう》は、東武鉄道や高野鉄道の経営再建をもって広く知られ、「鉄道王」と呼ばれているが、その鉄道経営には観光戦略が色濃く反映していた。

根津は、一八六〇年八月一一日（万延元年六月一五日）、甲斐国東山梨郡平等村《ひらしな》字《あざ》正徳寺（現・山梨県山梨市）で生まれ、幼名を栄次郎と称した。平等村は、山梨県の中央に位置する甲府盆地にあり、甲州街道、鎌倉往還、秩父《ちちぶ》往還などが合流する交通の要衝で、甲州の蚕糸業地帯の中心でもあった。根津家は屋号を油屋といい、農業のほか種油製造、雑穀商、質屋などを兼ねる典型的な豪農であった。父の嘉市郎は、弟（嘉一郎の叔父）の養子縁組を妨害されたため訴訟をおこし、勝訴にはなったものの、財産の半ば近くを使いはたしてしまった。そのため嘉市郎は、「衰退せる其の家運を挽回すべく、農業のかたはら、油締め機械を二台所有して種油の製造に従事し、更に雑穀商と質屋を兼ね、寸暇なく営々と立ち働いた」といわれている（実業之日本社編『奮闘活歴血涙のあと』一九二五年）。こうして根津家は幕末・維新期から積極的に土地を集積し、明治二〇年代の半ばまでに山梨県第二位の二〇〇町歩地主となった（永原慶二・中村政則・西田美昭・松元宏『日本地主制の構成と段階』東京大学出版会、一九七二年）。

嘉一郎は、兄の一秀とともに寺子屋に通ったが、温厚で病弱な兄とは対照的に、かなりの「ガキ大将」であった。寺子屋で机を並べていた幼なじみの証言によれば、嘉一郎は何ごとについても人の上に立つのを好む性格で、寺子屋の師匠からは代講を任されるほどの信頼を得ており、仲間からも慕われていた（宇野木忠『根津嘉一郎』東海出版社、一九四一年）。

軍人志望の根津は、一八八〇年、数え二一歳のときに陸軍士官学校への入学をめざして上京した。しかし、入学資格の年齢制限を越えていたため入学できず、やむをえず著名な漢学者の馬杉雲外の塾（上野不忍池）や甲州出身の古屋《ふるや》周齋《しゅうさい》の塾（麹町番町《こうじまちばんちょう》）で学んだ。

根津は、東京で三年間の貧乏書生生活をおくったのち、叔父の勧めで郷里に帰った。郷里に戻ってからは、国士気取りで大酒を飲んでは大言壮語をはき、政治運動に身を費やしていた。大日本帝国憲法が発布された一八八九年に名を隆三と改めたが、兄の一秀が病弱であったため、父の嘉市郎が隠居すると根津家の戸主となり、嘉一郎と改名した（なお、隠居した父の嘉市郎は藤右衛門を名のった）。

初代 根津嘉一郎（根津美術館提供）

こうして、根津は一八八九年から九六年まで根津家の家督を預かり、二〇〇町歩地主の経営に敏腕をふるった。この間、村会議員や村長、あるいは県会議員として地方政治にかかわるとともに、有信貯蓄銀行の設立や興商銀行の経営に参画するなど、地方実業家としても活躍した。

根津は、一八九三（明治二六）年二月、平等村・上万《かみまん》力《りき》村組合村の村長となったが、職務を収入役の望月瀰三郎にまかせたまま、みずからは東京市日本橋区（現・東京都中央区）の島屋旅館を拠点に株式投資に身を費やしていた。根津は、約三二万円の田畑と約五万円の現金を相続したが、これを株式投資につぎ込んでいたのである。

日清戦争（一八九四～九五年）後の企業勃興期を迎えると、根津の株式投資にはさらに拍車がかかった。そして、兄一秀の病気が平癒すると、一八九六年に家督を兄に譲り、翌九七年四月に村長の職を辞して東京に移住した。

東京に出た根津は日本橋兜《かぶと》町付近に居をかまえ、しばらくの間は株式相場に没頭していた。しかし、やがて甲州財閥の先輩でもある雨宮敬次郎の「君等も相場などで一時の利を趁《お》ふよりも事業を経営し、事業を盛り立てゝ利益を享受することにせよ」という忠告に啓発されて、相場師から足を洗い実業家への転身を決意した（根津翁伝記編纂委員会編『根津翁伝』一九六一年）。根津は、相場師時代を顧みてつぎのように述懐している（勝田貞次『大倉・根津コンツェルン読本』春秋社、一九三八年）。

若《も》し我輩が、その昔誤つて株式相場なぞに手を出さず始めより地味な事業の方面のみに携はつて居《お》つたら、今日の財産を数倍にもし、各種事業も、より完全なものに築き上げ得たであらう。昔の投機に狂奔した時代を顧みて悔《くい》るところ多く、相場なぞに決して手を出してはならぬと青年に警告したい。若い中《うち》に誰でも株か何かの投機を試みて大成金を夢みるものだが、結局十中八九は失敗に終るものだ。うんと儲けた時に一思に綺麗に素振りと足を洗へば良いが、儲ければ儲けたで更に欲が手伝つて却《かえ》つて虚業より抜けられぬものだ。その中に何時か大損を喰《くら》つて根こそぎ持つて行かれて了《しま》ふもので、そこまで行かぬと止められないものだ。

このように、根津は青年時代に株式相場に熱中していたことを心から後悔し、株式投資のような虚業ではなく、実業に専念することの大切さをしみじみと語っている。根津は、相場師から実業家へとみごとに転身し、根津コンツェルンを築いていくのであるが、その事業の中核を鉄道業が占めていたのである。

日光国立公園の構想と東武日光線

根津嘉一郎は、一九二九（昭和四）年一〇月一日に東武鉄道日光線（杉戸〔現・東武動物公園〕〜東武日光間）を開業し、国際的な観光地である日光の輸送体制の整備に着手した。東武日光線は、同伊勢崎線の杉戸駅で分岐して東北に向かってほぼ直進し、栃木から宇都宮を経ずにまっすぐ鹿沼《かぬま》に出るため、東京から日光にいたる距離を国鉄日光線よりも大幅に短縮することができた。すなわち、国鉄上野〜日光間の距離は一四六・六キロであったが、東武鉄道の浅草〜東武日光間は一三五・五キロ（いずれも当時の営業キロ）で、一一・一キロほど短かったのである（日光市史編纂委員会編『日光市史』下巻、一九七九年）。

日光町民は、東武日光線の開業に「日光国立公園建設の第一歩」として期待を寄せた（『下野新聞』一九二九年九月一八日）。日光には、東照宮、輪王寺《りんのうじ》、二荒山《ふたらさん》神社など貴重な史蹟が豊富に存在しており、それをとりまく自然も美しかった。そのため、明治末年には多くの観光客が訪れるようになっていた。これらの観光資源を守るため、日光町長の西山真平は、一九一一年二月、第二七回帝国議会に「日光山ヲ大日本帝国公園ト為《な》スノ請願」を提出した。日光を欧米のナショナルパークになぞらえ、国庫の補助を訴えたのである。ほぼ同じ時期に富士山を中心とする地域を「日本大公園」にしようという請願も出されていたが、日光町の請願は国立公園（帝国公園）の制定を求めるもっとも早い動きの一つといえよう。

日光町では、その後も国立公園への指定を求める請願を繰り返した。それは、もっぱら日光町の地方経済振興のためのもので、近代ツーリズムが国の経済政策に取り込まれていくことを意味した（丸山宏「日光国立公園成立史――その社会・経済史的背景」『京都大学農学部演習林報告』第五六巻、一九八四年）。一九三一年一〇月に国立公園法が施行され、三四年三月に瀬戸内海国立公園、霧島国立公園、雲仙国立公園が指定され、同年一二月に阿蘇国立公園、阿寒国立公園とともに日光国立公園の指定がなされた。日光町が「帝国公園」への指定を請願してから二三年目のことであった。日光が天下に名をとどろかせているのは、中禅寺湖《ちゅうぜんじ》、男体山《なんたい》、華厳滝《けごん》一帯の自然美と絢爛豪華な日光東照宮の建築美によるが、このいわゆる日光に湯元一帯の奥日光、鬼怒川《きぬがわ》上流、尾瀬沼《おぜぬま》および尾瀬原一帯が加わって、栃木、群馬、福島、新潟の四県にまたがる日光国立公園が誕生したのである（朝日新聞社編『全日本産業大観』一九三三年）。

東武と国鉄の競争

もともと東武鉄道は、一八九〇年代後半には東京から関東北部にかけて鉄道網を張りめぐらしていたが、一九〇〇年代後半には佐野鉄道の葛生《くずう》駅から日本鉄道日光線の鹿沼駅にいたる約二九・五キロの鉄道敷設を計画していた。そして、一九一二（明治四五）年三月に佐野鉄道を合併すると同年八月の臨時株主総会で葛生～鹿沼間の鉄道敷設を決定し、九月三〇日に免許状の下付を受けた。

そして、翌一九一三年に工事区間を安蘇郡田沼町大字多田から鹿沼にいたる路線に変更し、一四年一二月に施工認可を得て着工したが、竣工にいたらないまま工事は延期された。一九一九年二月には鹿沼～日光間の鉄道敷設の免許を申請し、同年一二月一八日に免許状の下付を受けた。しかし、地形が険しく測量が困難との理由から、工事施工認可申請期限を延期するとともに、多田～鹿沼間の起業目論見書の取り下げを申請した。

その後、一九二一年五月には埼玉県南埼玉郡百間村（現・南埼玉郡宮代町）から鹿沼までの鉄道敷設の免許を申請し、二三年七月に免許状の下付を受けた。これによって、東武日光線の経路が、佐野経由から栃木経由に変更されたのである。

東武日光線の工事は一九二七年八月に着手され、二九年四月に杉戸～新鹿沼間六六・八キロ、七月に新鹿沼～下今市《しもいまいち》間二〇・六キロ、一〇月に下今市～東武日光間七・一キロが開通し、東武日光線が全通した。東武日光線は全線複線で、しかも竣工と同時に電化されており、輸送効率を高めるという点では画期的であった。そのため、東武日光線浅草～東武日光間の所要時間は二時間四三～五八分（特急ならば二時間一七分）で、国鉄日光線上野～日光間の三時間一〇～三〇分よりも三〇分前後早かったのである。東武日光線は、「国鉄線によるより時間的には便利であり、運賃的にも低廉」であった（東武鉄道年史編纂事務局編『東武鉄道六十五年史』一九六四年）。なお、国鉄日光線は単線で、電化されるのは戦後の一九五八年であった。

東武日光線では、開業直後からダイヤには不掲載の不定期特急（下り四本、上り五本）を走らせていた。当初は特急専用列車ではなく、普通列車や急行列車が使用され、杉戸、栃木、下今市の各駅に停車し、浅草～東武日光間を二時間二四分で結び、特急料金は不要で、もっぱら日光や鬼怒川温泉を訪れる観光客の輸送を目的としていた。

東武日光線が開業すると、国鉄側も日光行きの準急列車を走らせ、食堂車を連結したりして東武鉄道に競争をいどんだ。根津は、準急と称して急行料金をとらぬ急行列車を走らせたりするのは不当な競争であると抗議した。また、国鉄の遠距離低減制や定期券の割引にも苦しんだ。

ところで、東武日光線の開業をめぐっておもしろい逸話がある。日光の地元では、一部に東武日光線の開業によって交通の便は向上するものの、日帰りの観光客が増加し、日光は衰微するという見方があった。根津はこうした見解を、観光客の数が二倍、三倍と飛躍的に増加するので、日帰り客が増えても心配はないと論破したというのである（前掲『根津翁伝』）。

スキー場から鬼怒川温泉まで

根津は、一九二七（昭和二）年三月、華厳滝、中禅寺湖、男体山、戦場ヶ原、湯元《ゆもと》など奥日光の開発をめざして、日光登山鉄道（資本金二〇〇万円）を設立するなど、日光の輸送網の整備を進めていたが、東武日光線の開業を契機にこうした動きを加速させた。日光登山鉄道は、一九三二（昭和七）年八月に馬返《うまかえし》～明智平《あけちだいら》間の鋼索《こうさく》鉄道（ケーブルカー）を開業し、三三年二月には明智平～展望台間の架空線（ロープウェイ）を敷設し、一一月から営業を開始した。

ところで、一九三二年に馬返～明智平間の鋼索鉄道が開業すると、東武鉄道は湯元の住民にスキー場の開設を要請した。地元住民も冬季に何か商売をしたいと考えていたので、同年冬にはスキー場が開設された。東武鉄道が宣伝してスキー客の誘致に努め、湯元の旅館もスキー客を歓迎したので、雪質のよさもあって日光はスキー場としてにぎわうようになった。また、同じ年、東武鉄道は

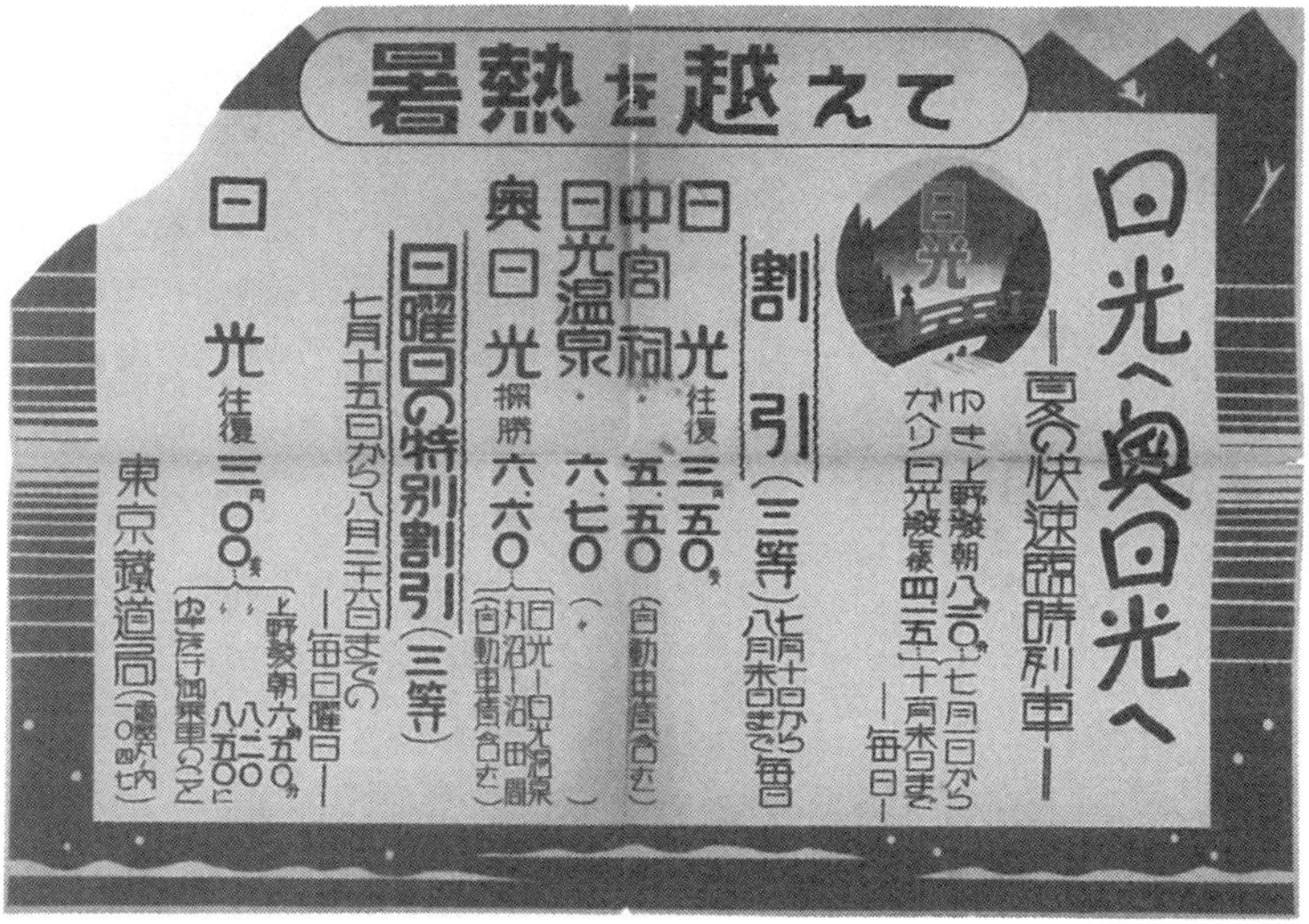

ポスター「日光へ奥日光へ」（1934 年。鉄道博物館提供）

日光町にスケートリンクの開設を願い出て、細尾に四〇〇〇坪（一万三二〇〇平方メートル）の、当時としては東洋一の設備を誇ったリンクが完成した。日光は、スキーやスケートなど、冬季のスポーツを楽しむ観光地となったのである。

国鉄日光駅前から岩ノ鼻を経て馬返まで、日光電気軌道の軌道線（九・六キロ）が開業していた。馬返の標高は八三八メートルで、路面電車の走るところとしては日本でもっとも高い地点であった。根津は、東武日光線開業前年の一九二八年、この日光電気軌道線を系列下においた。常盤《ときわ》新平『森と湖の館——日光金谷《かなや》ホテルの百二十年』（潮出版社、一九九八年）は、根津が日光電気軌道を買収する経緯を、日光金谷ホテルの経営者金谷真一の働きかけによるものとしてつぎのように興味深く描いている。

日光電気軌道は、日光東照宮、輪王寺、二

荒山神社などへの観光客や日光電気精銅所に出入する貨物の輸送を目的に、日光町（現・日光市）の有志と古河合名会社（現・古河機械金属株式会社）によって一九〇八（明治四一）年九月に設立された。金谷真一は、日光電気軌道の取締役であったが、同社の経営状況が芳しくなかったので日光への乗り入れを計画している東武鉄道に売却しようと考えていた。資金力の乏しい日光電気軌道がわずか一〇キロの路線を経営してもうからないが、東武鉄道が経営して観光客をたくさん運んで来れば、日光町の繁栄にもつながるというのである。

金谷は根津と交渉し、日光電気軌道はこのままでは見込みがないが、東武鉄道が買えば浅草〜日光間の路線が強化され、停車場の用地にも困らなくなる、東武鉄道にとってはまさにダイヤモンドにも匹敵する価値があるとして売り込んだ。資本金五〇万円の日光電気軌道を、三倍の一五〇万円で売却しようとしたが、さすがに根津も値下げを要求し、結局一三〇万円で売却となった。東武日光線が開業すると、東武鉄道は日光電気軌道線を強化し、一九三二年六月に同社の傍系会社である日光自動車を合併して日光自動車電車と改称し、その後さらに日光軌道とした（前掲『東武鉄道六十五年史』）。こうして、東武鉄道は、浅草から日光湯元にいたるまでの一貫輸送体系を形成し、日光の観光開発を面的な広がりをもって進めたのである。

東武日光線は、開業と同時に一九二〇（大正九）年一月一一日に新今市〜藤原間を全通させた下《しも》野《つけ》電気鉄道への乗り入れを実現し、鬼怒川温泉への輸送手段を確保した。下野電気鉄道は営業不振に悩んでいたが、一九二六年二月に東武鉄道の顧問弁護士であった宇都宮政市が社長に就任すると、根津は東武鉄道名義で八〇〇〇株、個人名義で一〇〇〇〇株を購入し、二九年六月に相談役となった。そして、一九四三年五月には下野電気鉄道を買収して合併した。

一九三一年三月には敷地面積二三〇〇坪の、当時としては東洋一の豪華設備を誇った鬼怒川温泉ホテルを開設し、みずからポスターやパンフレットをつくって宣伝に努めた。根津は、鬼怒川温泉ホテルの経営を金谷真一にまかせた。金谷は、外国人相手のホテル経営しか経験がないとして固辞したが、根津の強い意思に負けて引き受けることになった。なお、鬼怒川温泉ホテルは、一九三三年以降は金谷真一の妹の多満《たま》と夫の金谷正生《まさなり》の手に委ねられた（前掲『森と湖の館――日光金谷ホテルの百二十年』）。

根津は、そのほかの一般旅館に対しても設備改善費用を貸与して接客設備の向上をはかった。地元優先主義を原則とし、これをやればもうかるとわかっていても、まず地元の業者に委ね、主に子会社か関係会社を通じて関連施設の充実をはかったのである（前掲『根津翁伝』）。鬼怒川温泉は、東武日光線が開業するまでは、下滝温泉というわずかに湯治客が訪れる程度の温泉であった。根津は、この無名のひなびた温泉を関東でも有数の温泉観光地に発展させたのである。

東武鉄道の一九三〇年前期（一～六月）の『第六六回事業報告書』が、「財界ノ不況ハ本期ニ入リテ益々甚《はなはだ》シク影響スル処尠《すくな》カラザリシモ、本線ニ在リテハ極力日光遊覧客ノ誘致ニ努メタルタメ相当成績ヲ挙ケ」と記しているように、日光線の開業は不況期にあって東武鉄道の経営を下支えした。しかし、同年後期（七～一二月）からは「修学遊覧ノ臨時客ノ如《ごと》キ其《その》旅行ヲ見合《みあわ》スモノ多ク」となり、東武鉄道の旅客数は減少した。

コラム　日帰りが可能となった高野山参詣

東武鉄道の経営をみごとに再建した根津嘉一郎は、高野《こうや》鉄道の経営再建にも取り組んだ。高野鉄道は、一八九六（明治二九）年二月、松方幸次郎らによって霊場高野山への参詣客の輸送を目的に設立され、資本金は一五〇万円であった。高野山は、和歌山県伊都《いと》郡高野町の標高一〇〇〇メートル前後の山々の総称で、そこには平安時代の八一九（弘仁一〇）年頃に弘法大師《こうぼうだいし》空海によって開かれた真言宗の総本山金剛峯寺《こんごうぶじ》があり、大阪方面から南海鉄道が通じていて観光の名所となっていた。

当初高野鉄道は、南海鉄道に接続して大阪と結ぶ予定であったが、やがて自社の路線で大阪に出ようと考えるようになり、一九〇〇年八月、道頓堀《どうとんぼり》（現・汐見橋）～長野（現・河内《かわち》長野）間約二八キロの路線を開業した。しかし、高野の霊場まではなお距離があり、しかも沿線は純農村で工業化に立ち遅れていたので、営業成績は振るわなかった。

そこで、岸和田紡績社長の寺田甚與茂《じんよも》が社長となって一九〇七年九月に高野登山鉄道を設立し、同年一一月に高野鉄道の事業一切を継承した。高野登山鉄道は、一九一〇年三月には資本金を二〇〇万円に増額した。根津は、兄の一秀が死去すると、兄の所有していた高野鉄道の株式をすべて引き受け、大株主として高野登山鉄道の経営に参画し、一九一二年七月に社長となった。

高野登山鉄道を引き受けた根津は、一九一五（大正四）年三月に汐見橋～橋本間を電化開業し、四月には社名を大阪高野鉄道と改称した。同鉄道は、橋本で省線電車に連絡するとともに、紀ノ川中流域を大阪に直結した。これによって、それまで三日を要していた大阪から高野山への参詣が日帰り可能となった。大阪高野鉄道は、これを「昔は三日で、今は日帰り」というキャッチフレーズで宣伝した。同鉄道の業績は好転し、一九一八年には倍額増資を実施して資本金は四〇〇万円となった。一方、根津嘉一郎は、橋本から高野山の入り口にいたる資本金一五〇万円の高野大師鉄道を設立した。根津は同鉄道の社長となり、鉄道院の官吏であった大塚晃長を招聘して常務取締役とした。

こうして大阪高野鉄道の経営が改善されると、南海鉄道との間に合併談が持ち上り、大阪高野鉄道と高野大師鉄道は一九二二年九月に南海鉄道に合併された。根津は、一九二二年六月に大塚とともに南海鉄道の取締役に就任していたが、一九三四年一月からは会長となった（老川慶喜・渡邉恵一『ライフスタイルを形成した鉄道事業』芙蓉書房出版、二〇一四年）。

第六章　日帰りの「行楽」

1　東京の「郊外」を探る

――サラリーマンに「七日間の旅」と「一日の行楽」を！

第一次世界大戦が勃発した一九一四（大正三）年の六月、落合浪雄《なみお》（昌太郎）という新聞記者が、有文堂書店から『郊外探勝　その日帰り』という旅行案内書を出版した。この種の旅行案内書としては、松川二郎著『近郊探勝　日がへりの旅』（ただし、内表紙は『郊外探勝　日がへりの旅』。東文堂、一九一九年）がよく知られているが、それよりも五年も早く出版されていたことになる。

著者の落合浪雄は一八七九（明治一二）年一月に東京の浅草で生まれ、東京帝国大学法科大学政治学科を卒業したのち、『萬朝報』『東京日日新聞』の記者を経て玄文社に入社した。玄文社は東京の出版社で、単行本のほか『新家庭』『新演芸』『劇と評論』などの月刊誌を刊行していたが、一九一六年の創立であったので、落合が『郊外探勝　その日帰り』を出版したのは新聞記者時代であったと思われる。なお、その後落合は松竹新派の座付役者を経て一九二一年に新劇座主事、二四年に松竹蒲田《かまた》撮影所脚本部長となり、劇作家、演出家として活躍した。

ところでこの落合は、一九一〇（明治四三）年一月に同じ有文堂書店から『漫遊案内　七日の旅』という旅行案内書を出版していた。落合によれば、旅行には「商業視察的なもの」や「修学旅行的のもの」があるが、『漫遊案内　七日の旅』は「忙中の閑を悠遊自適に過さんとする人の為《た》めに編めるもの」で、「六ヶ《むつ》敷《しき》事は成《な》る可《べ》く避け単に遊びの案内をなすに止《とど》め、傍ら史蹟の著名なるものを紹介」することに努めたという。『郊外探勝　その日帰り』を出版したのは、それから四年後のことで、「忙中に閑を求め、用事も欠かず、莫大の散財もせず、外見を張らず、気を悠然として一週日の内に唯一日なる日曜日を利用し、山を楽しみ、潮風に煤煙に汚れし袂《たもと》を払い、松籟《しょうらい》に砂塵に塗《ま》みれし耳を洗はん事を、凡《あら》ゆる天下の楽の為めに生き、楽の為めに生きんとする人々に勧めん」ことを企図していた。

明治から大正へと時代が進むにつれ、東京や大阪の大都市では会社員、銀行員、公務員、教師など、いわゆる「新中間層」と呼ばれるサラリーマン層が現れた。彼らは忙しく働きながらも、行楽や旅を楽しもうとしていた。しかし、一〇日も二〇日も、ましてやひと月も旅行に費やすのはとても無理で、年末年始の休暇、あるいは暑中の休暇を利用した一週間ほどの日程で旅行をするのがせいぜいであった。同時に彼らは、一週間忙しく働いたのちの日曜日に日帰りの小旅行を楽しもうとした。落合は、そうした動向を巧みにとらえて『漫遊案内　七日の旅』および『郊外探勝　その日帰り』という旅行案内書を編纂したのであった。

野趣に富む広大な郊外

それでは、この頃の東京の郊外にはどのような特徴があるのか、先に掲げた松川二郎著『近郊探

勝　日がへりの旅』からめぐってみよう。同書は、東京周辺の日帰り行楽地についての案内書であるが、京都や大阪と比較しながら東京の郊外について、ほぼつぎのように述べている。

松川によれば、東京には「広大な、野趣の饒《おお》い、すぐれた郊外」があるが、大阪、京都、名古屋などには「かういふ大きなひろ〴〵とした郊外」はない。東京の郊外とは、「いづくをさして分入《わけい》らん、行もかへるも果しなしと歌はれた武蔵野の原、それに関東平野の一部をも加へたもの」であった。東京には、武蔵野に関東地方の一部を加えたひろびろとした郊外が広がっていたのである。

もちろん、京都にも郊外はある。しかし、それは東京の郊外とは大きく異なっていた。嵐山、東山、宇治などは「山に近く水にも近く」、しかも「其《そ》の山は紫に水は浄《きよ》らかで」、その自然や情緒は「東京附近では到底見ることもあじあふことも出来ないものであ」った。また、歴史のあとがいたるところにみられ、一本の樹木や一つの石ころにも「或《あるい》は勇ましい、或は悲しい伝説」があった。

秋の北山時雨《しぐれ》などは、京都になくてはならぬものである。秋の一日、京都から比叡《ひえい》山《ざん》を越えて、坂本の紅葉をみて湖上を船で大津に出るなどという一日の行楽は、東京では決して味わえないものであろう。しかし、大津や奈良を京都の郊外というわけにはいかない。京都の郊外は美しくデリケートではあるが、「要するにあの山で囲まれた区域の内で」、狭く「どこか飽足《あきた》ら」な

松川二郎『近郊探勝　日がへりの旅』（著者所蔵）

い。

京都に比べると、東京の郊外は広大ではあるが、「どこまで行つても田と畑と林と丘の連続」である。その上を空《から》っ風《かぜ》が吹きまくり、「荒削り」「粗野」で「歴史上にも、何の関係も無いやうな処」が多くみられる。「一口に云《い》へば、昔からなる武蔵野の俤《おもかげ》、それが東京の郊外の命であ」った。

一方、大阪には「郊外」がまったくない。大阪の「市内」と「郊外」を分けるのは城東線であるが、そこには「野趣に富んだ郊外の趣は」どこにもみあたらない。そこで大阪市民は、土曜から日曜にかけて、「疲れた脳を休める為には」須磨、明石、宝塚、生駒《いこま》あたりまで出かけなければならなかった。

もっとも大阪に、当初から郊外がなかったわけではない。大阪南方の天王寺《てんのうじ》、阿倍野、住吉の付近は「すぐれた郊外」であった。しかし市街化が進み、今では「堺市まで一つゞきの市街」になってしまい、「濱寺へ行つて、初めて郊外的気分を見出だすことができるが、それも決して素朴な純なもの」とはいえない。淀川以西、神戸までの間にもいいところがあり、西宮付近の地形は何ともいえない。しかし、郊外というにはあまりにも開けすぎている。

東京の膨張と遠のく郊外

都市が膨張するにつれて、郊外は遠のいてゆく。市街地が周囲に向かってのびていく力は、大阪よりも東京の方が優っていた。わずか一〇年ほど前までは、南方では鮫洲《さめず》から大森付近、西方では目黒、十二社、北方では雑司《ぞうし》ヶ谷《や》の森、早稲田田圃、東方では東橋の対岸などに出れば「一寸《ちょっと》郊外に出たやうな気分」になれた。それが今では、南郊では六郷川付近、西郊では玉川電車の三軒茶屋、中央線の荻窪以西、北郊では荒川向こうの左岸地域、東郊では小松川の先の江戸川付近など、「もっとずッと遠くまで」行かなければ「郊外的気分」を味わえなくなった。

かつて梅の名所といえば、亀井戸《かめいど》、向島、大森などであったが、ほとんどすたれてしまった。蒲田の梅林も忘れ去られてしまったし、新宿角筈《つのはず》の「銀世界」と呼ばれた梅林も瓦斯《ガス》タンクにとって代わられてしまった。今では「もっとずッと市街を離れて」、多摩川の二子渡《ふたこのわたし》の向こうの久地の梅林、青梅付近の吉野の梅林、川越の先の生越《おごせ》の「新月ヶ瀬《つきせ》」など、「日がへり程度の距離にあるもの」が新たな梅の名所となった。一度衰えた横浜磯子《いそご》の杉田の梅林などが、再び栄えるようになったのも同じ理由からであった。

「郊外」は、市街が膨張するにつれて動いていく。それは、逃げ水が先へ先へと逃げていくのに似ている。しかし、どれだけ東京の市街地が膨張しても郊外はなくならない。松川は、武蔵野の原風景を「尾花の武蔵野」「野をめぐる山々」「蘆《あし》の花散る渚」「蔬菜《そさい》畑の美」として描いているが、この武蔵野が三〇年や五〇年で市街地化してしまうとは考えられないからである。

当然のことではあるが、市街地から郊外に直接つづくわけではない。その間には、「市街地とつかず、勿論郊外地とは言へない一種の中間地帯の如きもの」がある。それは山手線沿線の地域で、西郊の目黒、渋谷、代々木、淀橋、大久保、雑司ヶ谷、北郊の巣鴨、田端《たばた》などである。これらの地域は、少なくとも一〇年前までは「東京の郊外」として聞こえ、丘や林や畠があり、「電車は栗の実のなつてゐる雑木林の近くを通つたり、ひろい牧牛場の埒《かこい》に沿うて駛《はし》つたりし」ていて、「郊外電車といふ気分」が満ちていた。しかし、今では「郊外的な風致や気分」は滅んでしまっている。

多種多様な「郊外」

東京には、西郊、東郊、南郊、北郊と、それぞれに特徴的な郊外が広がり、「一方に丘と畠と林の郊外（西郊…引用者）を有し、他方に川と白帆の郊外（東郊…引用者）を有し、主として水田から成る平板な平野の郊外（北郊…引用者）があるかと思へば、海に沿うた明るい郊外（南郊…引用者）を有つて」いた。このように「多種多様の郊外を持つてゐるといふことが、矢張り大東京の大東京たる所以で」あった。そして、この多種多様な郊外は、鉄道の路線に沿って形成されていた。

西郊は、東京の郊外の特色をもっともよく表している。松川は、それを「武蔵野気分」と呼び、つぎのように描写している。

> 西郊の興味は丘と林との興味である。その丘と林との間に建設せられた畠と村落との興味である。丘から谷へ、谷から丘へと上つたり下つたりして行く路、黄《き》ろく熟した麦の畑、紫色の若葉の幾反となくつゞいた甘藷の畑、こんもりとした樫の森の社、竹藪の奥に見える古い茅葺《かやぶき》の家、風の音ばかり鳴つてゐる広い野、浅い雑木林にさした日の影、藁繩でからげた筍《たけのこ》をさげて電車に乗つてゐる人。から云ふ光景は、西郊でなければ見られない光景である。

このように西郊とは「武蔵野」のことであり、南は目黒停車場から洗足《せんぞく》池に向かって引いた一線、北は池袋と川越を結ぶ東上線を境界とし、玉川電車の終点二子渡、京王電車の調布町、武蔵野鉄道の田無《たなし》付近、東上鉄道では野火止《のびとめ》の平林寺、これらをつなぎ合わせた一線を外縁線とする。少し範囲が広すぎるようにも思われるが、市街地が拡大し、交通機関が発展した今日では、中央線沿線の小金井あたりも近郊ということになる。

東郊には川が多く、芦荻《ろてき》と白帆が趣深い。東郊は、千住《せんじゅ》と下総《しもうさ》の松戸を結ぶ常磐線を境に、以南は隅田川と江戸川に囲まれ、中央に中川が流れている。江戸川をわたると、東京の郊外という感じではなく、著しく「下総気分」がみなぎっている。交通機関としては、常磐線、京成電車、総武線の電車と深川の高橋から小名木《おなぎ》川、新川を経て江戸川に出て、浦安、行徳《ぎょうとく》に通じる内国通運の小蒸気がある。なかでも遊覧には京成電車と小名木川がもっとも重要で、「東郊の遊覧者に取つては欠くべからざる交通機関」であった。

西郊から北郊へと進むと、丘陵が減り、畑にかわって水田が増えてくるのがわかる。荒川が洋々として流れ、川には白帆が浮かんでいる。北郊は東上鉄道と常磐線を東西の境とする範囲で、中央には上野を起点に、大宮、小山を経て福島方面にいたる東北線が走っている。北方に向けて扇形に開けた関東平野に直接連なり、日光の火山群をはじめ、赤城《あかぎ》山、榛名《はるな》山、妙義《みょうぎ》山、筑波《つくば》山などを望むことができる。

南郊は、八ツ山を起点に品川、大森、蒲田を経て横浜まで広がっている。その特色は、「到るところに海を見る」という点である。院線電車と京浜電車が並行して走っているが、京浜電車の方が海にも近く、停留場の数も多い。また、穴守・大師《だいし》行の支線などもあるので、「近郊遊覧には此の電車に拠る方が便利で」あった。京浜電車は、遊覧者向けに大師穴守回遊切符を発売していた。

ところで、『近郊探勝　日がへりの旅』には一日の行楽の定番ともいえる鎌倉、江の島、逗子、金沢、日光見物、太田の呑龍《どんりゅう》様、史跡の豊富な新田郷、水戸の梅、青梅の吉野梅林、御岳《みたけ》山、房総半島の鹿野山、小湊《こみなと》の誕生寺などが掲載されていない。というのは、これらについて松川は、すでに一九一九年六月に出版した『一泊旅行　土曜から日曜』（東文堂）において記述していたからであった。

2　武蔵野鉄道と沿線行楽地

武蔵野鉄道と飯能

武蔵野鉄道が設立されたのは、一九一二（明治四五）年五月であった。資本金は一〇〇万円で、当初は巣鴨駅を起点としていたが、一九一三（大正二）年四月に池袋駅に変更され、一五年四月に池袋〜飯能《はんのう》間の全線四四・二キロが開業した。起点の池袋駅は、一九〇三年四月に品川線（品川〜赤羽《あかばね》間）と豊島線（池袋〜田端間）の分岐駅として開設されてから徐々に駅前集落が発展し、一九〇八年四月には東京府豊島師範学校（現・東京学芸大学）が駅裏（現在の西口）に開校した。

武蔵野鉄道の経過地は、東京府北豊島郡高田村、長崎村、上板橋村、下練馬《ねりま》村、中新井村、上練馬村、石神井《しゃくじい》村、大泉村、北多摩郡保谷《ほうや》村、埼玉県北足立郡大和田村、東京府北多摩郡清瀬村、東村山村、埼玉県入間《いるま》郡所沢町、豊岡町などで、所沢町で川越鉄道（川越〜国分寺間）と連絡していた。「開業広告」によると池袋〜飯能間の所要時間は一時間四六分で、開業当日より七日間の運賃は半額、池袋で山手線に連絡し、大塚、巣鴨で東京市街鉄道につながっていた（練馬区立石神井公園ふるさと文化館編『鉄道の開通と小さな旅――西武・東上沿線の観光』二〇一二年）。

当時、飯能町では東京と秩父大宮を結ぶ道路のルートをめぐって、名栗《なぐり》、吾野《あがの》両谷筋の住民が激しく対立していた。飯能町は西川材の集散地であった。木材のうち、建築材などは筏《いかだ》を組んで川を流すことができるが、薪炭材の輸送にとって道路の良し悪しは地域住民の生活を左右しかねない重要な問題であった。

初代社長の平沼専蔵は飯能町の出身で、横浜に出て石炭商、貿易商などを営み、横浜銀行（のち平沼銀行と改称）や金叶貯蓄銀行（のち平沼貯蓄銀行と改称）を設立し、多額納税貴族院議員、衆議院議員などを歴任した立志伝中の人物である。その平沼が、飯能町の住民の対立を解消するため、「マア汽車を引いてみろ〳〵吾野も名栗も皆仲良くなる、あれだけある木材木炭の運搬が自由自在になる、兎《と》に角《かく》町内の有志に咄《はな》せ、平沼専蔵が半分背負ってやる」といって、飯能町の有志者に鉄道の敷設を勧めたといわれている（若松国士太夫自作・自演『武蔵野鉄道開設由来記』一九二七年）。

確かに、平沼は「常ニ飯能町ニ鉄道敷設ノ議起ラバ率先シテ極力運動セヨト激励」していた。しかし、飯能町の小川善五郎に「鉄道事業経営」について相談をもちかけたのは在京の坂本喜一なる人物であった。小川は、一九一一年一月に坂本と面談したのち、鉄道敷設について承諾を得ようと考え平沼邸を訪れた。平沼は、意外にも東上鉄道が比企郡今宿村（現・鳩山町）を通過し、青梅鉄道が秩父郡名栗村に延長線を計画しているので、「仮令《たとい》飯能町ノ企画トシテモ賛否ハ遽《にわ》カニ言明シ難シ」という消極的な態度を示した。そこで、小川が鉄道敷設運動を起こすと平沼も「飯能町ノ熱誠ニ感ジ」、二月四日に「快諾筆頭ニ自著調印セラレタ」のであった。小川によれば、武蔵野鉄道は坂本の発案のもとに、「拙者ガ業務ヲ放擲シテ一身ヲ委ネ以テ本町方面ノ起業心ヲ喚起シ平沼翁ノ応援ヲ得テ其《その》基礎ヲ固メ」たのであった（小川善五郎「武蔵野鉄道敷設工事ニ関スル嘆願書」一九一三年一月）。

明治末年の飯能町は、木材・砂利《じゃり》・織物などを産出し、埼玉県西部では川越町についで所沢町や入間川町と並ぶ経済的地位にあった。武蔵野鉄道は、このような飯能町を東京につなげることを目的としたもので、その計画の動機はきわめて地方的な利害に根差していたということができる。発起人の地域分布をみても埼玉県の入間郡が四五人、秩父郡が三人で、そのほかは東京市一八人、東京府五人、横浜市三人、島根県一人であった。また、発起人株主のうち飯能町関係者の所有株式数は七六二〇株に及び、株式総数の約四三パーセントを占めていた（浅見徳男『飯能の住民が燃えた時——武蔵野鉄道と観光開発』文化新聞社、二〇〇九年）。この地方的な鉄道が、都市近郊鉄道としての色彩をしだいに強めていくことになる。

本多静六の「飯能遊覧地設計」

武蔵野鉄道が設立された日の翌日、すなわち一九一二年五月八日、東京帝国大学農科大学（現・東京大学農学部）教授の本多静六《せいろく》が飯能町を訪れ、「飯能遊覧地設計」という演題の講演を行っている。本多は埼玉県南埼玉郡河原井村（現・久喜市）出身の造園家（林学博士）で、日比谷公園（東京都）、大宮公園（埼玉県）など多くの公園を設計し、日本の「公園の父」と呼ばれている。

講演会を主催したのは飯能遊覧地委員会で、小能五郎、金子忠五郎、大河原浅吉、中里治、佐野作次郎、井上太平、藤田愛助、双木貞之助、新井清平、小川善五郎らが名を連ねるが、彼らは武蔵野鉄道の発起人株主であった。木材、砂利、織物などの東京への輸送を考えて武蔵野鉄道を設立したのであるが、同時に都人士を飯能町に呼び込もうとも考えていたのである。

本多静六は講演会で、「さて、世の中の進歩に伴い人の生活は益々複雑となり、従ってその業務もせわしくなるもので、その結果として自然閑静遊覧地を選び、精神的保養をなす様になり、一面には交通機関の進歩に伴い、都人士は、市外遊園地の必要を感ずるようになります」と切り出した。都人士は、世の中がせわしくなればなるほど、「精神的保養」のため市外の「自然閑静遊覧地」を渇望するようになる。そして「聞く処によれば此《こ》度《たび》鉄道の出来た暁には東京市民の渇望せる大遊園地を発見せられたるものというべきであります」と、武蔵野鉄道が開業すれば飯能町が東京市民の「大遊園地」になると述べた。

興味深いのは、飯能町がいかに遊覧地として優れているかを詳述したうえで、鉄道会社に次のような要請をしていることである（前掲『飯能の住民が燃えた時——武蔵野鉄道と観光開発』）。

> 鉄道会社の方でも、又かなり遊覧人に便利を図りまして、十人位から割引にすると便利です。そうすると例えば一家内九人で参りたいが今一人いれば割引になるという様な次第で、乗客の数が一人づつも多くなります。もっとも夫《そ》れに反面の弊がありまして、団体でなくてもその場で共同して割引券を買うようなことがありましょうが、夫等《それら》は先《ま》ず良いとして、沢山の人さへ乗れば良いとするのです。

本多は、乗客に多少の不正があったとしても、多くの都人士を誘致することの方が大事であるとして、武蔵野鉄道に一〇人単位の団体割引運賃を実施するよう勧めるのであった。このように本多

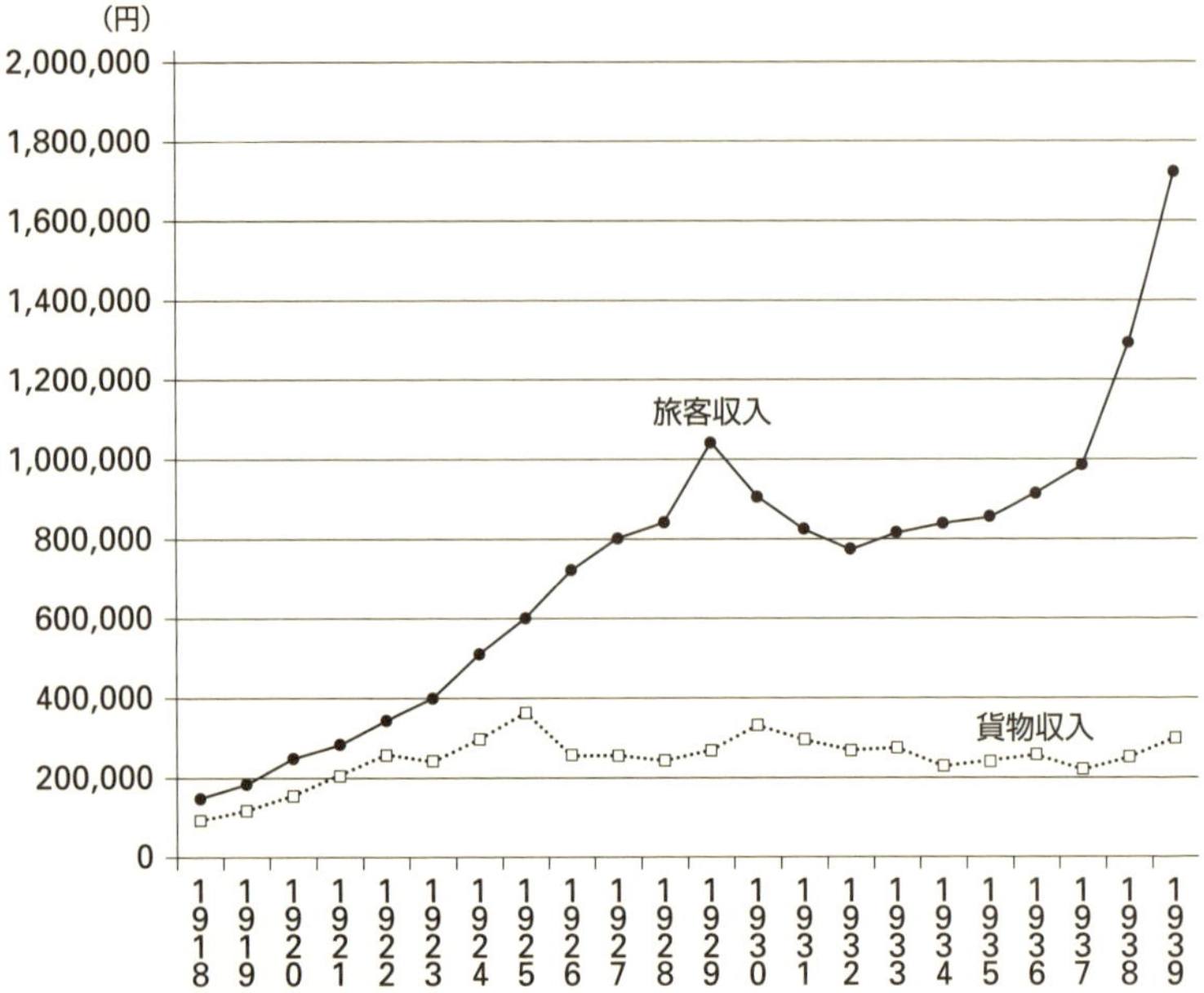

図6・1 武蔵野鉄道の運輸収入

出典：武蔵野鉄道『営業報告書』各期。

は、市外の「自然閑静遊覧地」の形成に鉄道のはたす役割を重視していたのである。

遊覧客の増加

武蔵野鉄道の開業後の営業収入をみると**図6・1**のようである。貨物収入よりも旅客収入の比率が高く、「収入の増加は、主として所沢および東京に接近せる郊外住宅地の発達によるもの」（「電化せる武蔵野鉄道」『東洋経済新報』第一一〇二号、一九二四年六月一四日）であった。武蔵野鉄道は、砂利や木材の輸送など貨物輸送にも特徴を見出すことができるが、全体としてみれば旅客輸送の割合が高かった。とりわけ、一九二三（大正一二）年九月一日の関東大震災後には、池袋から所沢にいたる沿線の住宅地化にともなう旅客収入の増加が著しく、その運輸収入に占める割合は六〇パーセントを超えた。旅客収入はその後も増えつづけ、その運輸収入に占める割合は一九二六年度以降には七〇パーセント台、三七年度からは八〇パーセント台となった。

この間、武蔵野鉄道は一九二〇年四月、飯能～池袋間の輸送時間の短縮を目的に早くも電化に乗り出した。この電化は石炭価格高騰への対応でもあったが、一九二二年に第一期計画の池袋～所沢間の電化工事が竣工し、同年一一月一日から同区間で電車運転が開始された。引きつづき第二期線の所沢～飯能間の電化工事も進められ、二五年一二月二三日には池袋～飯能間全線の電車運転が開始された。

武蔵野鉄道が旅客輸送で好成績を収めたのは、「地方産業ノ発展ニ伴ヒ旅客ノ往来頻繁ナリタル」ことと、「遊覧客勧誘ノ効果」を主な要因としていた（『第一九回営業報告書』一九二一年一～六月）。とくに同鉄道は、「石神井水游又ハ沿道遊覧旅客ノ勧誘ニ努メ」（『第二〇回営業報告書』、一九二一年七～一二月）、「列車並ニ電車ノ時刻ヲ改正シ鋭意一般旅客ノ利便ヲ図リタルト沿線遊覧旅客ノ誘致ニ努メ」（『第二三回営業報告書』、一九二三年一～六月）たのであった。そして、関東大震災後においても、「震災ノ影響ヲ承《う》ケ沿線遊覧客絶無ナリシニモ不拘《かかわら》ス、幸ヒ郊外ノ発展ト災後一般旅客ノ来往一層頻繁ヲ極メタ」ため、旅客輸送が増大したのである（『第二四回営業報告書』、一九二三年一～六月）。

ところで、この武蔵野鉄道の経営に関心を示したのが箱根土地会社の堤康次郎《つつみやすじろう》であった。堤は、東京市神田区一橋通町の東京商科大学（現・一橋大学）が移転するとみて、大泉学園都市の建設を計画し、関東大震災後約五〇万坪の土地買収に着手した。そして、武蔵野鉄道に新駅（東大泉駅、現・大泉学園駅）を建てて寄付し、同駅から大泉学園都市の分譲地まで七間幅の道路をつくって乗合自動車を走らせた。分譲は一九二四年一一月から開始され、第一回分譲（一〇万坪）が三日、第二回分譲（一〇万坪）が一週間で完売となったが、東京商科大学の移転先が北多摩郡谷保《やほ》村（現・国立市）と決まったため、大泉学園都市の発展には歯止めがかかってしまった。

しかし、武蔵野鉄道の旅客輸送は活況を呈していた。同社の『第二五回営業報告書』には、「沿線ノ住宅日々ニ増加シ、加フルニ四月ヨリ中村橋ニ富士見高等女学校、石神井ニ商科大学予科開校シ、陽春ノ遊覧客ト共ニ一層乗客ノ激増ヲ来セル」（一九二四年一～六月）、「沿道ニ於《お》ケル土地住宅ノ経営益々熾烈トナリ来往客日ニ増加シ、加フルニ夏季ニ於ケル石神井水泳客、秋季ニ於テハ一般遊覧客並《ならび》ニ学生団体等アリテ、乗客ノ輸送頗ル活況ヲ呈セシ」（『第二六回営業報告書』一九二四年七～一二月）などと記述されている。沿線の住宅地開発や高等女学校・大学予科の開設によって一般旅客が増加しただけでなく、遊覧客が増加したのであった。そして、一九二六年上期（一～六月）の『第二九回営業報告書』は、「若《も》シ電車数ノ増備アルトキハ、更ニ一段ノ増収ヲ見ルコト難《むずかし》カラサリシ」と武蔵野鉄道の旅客輸送の需要が輸送力を大きく上まわっていたことを示唆している。

それでも武蔵野鉄道の旅客輸送は、一九三〇年前後の恐慌期になると減少に転じ、営業収支も毎期赤字となった。堤康次郎は、大泉学園都市の建設を企てた頃から箱根土地の関係者を武蔵野鉄道の株主に送り込んでいたが、一九三一（昭和六）年七月に払込失権株式三万二六〇三株が競売に付されると、それをみずから競落し同鉄道の大株主となるとともに、配下のものを経営陣に送り込んで武蔵野鉄道の経営再建に乗り出した。そして一九三八年九月には、減資、無担保債務および物上担保付社債の整理を断行し、ともかくも成功を収めた。

女流作家の小旅行

それでは、武蔵野鉄道の沿線にはどのような行楽地が開けたのであろうか。作家の三宅やす子は、一九一七（大正六）年の夏、池袋駅で武蔵野鉄道に乗り石神井駅で下車して三宝寺池に出かけた。その小旅行は、つぎのようであった（三宅やす子「三宝寺池」『婦人画報』一三七号、一九一七年八月）。

池袋で山の手電車を乗り捨てて、其処《そこ》から続く武蔵野鉄道に乗つた。私達は今石神井村の三宝寺池に行かうとしてゐる。

池袋迄《まで》は、郊外と云《い》つても、新建《あらだ》ての家が建ち並んで、辺鄙《へんぴ》な市中といふ様な感じがするけれど、ブリッヂ一つ渡つて小ぢんまりした汽車の一室に席を占めると、「すしに弁当」。流石《さすが》汽車の旅らしい心持になつて、窓の外の見る限りは只《ただ》ひろ〳〵とした武蔵野の明るい景色を美しいと眺める。そしてうるさい都を遠く離れたといふ様に思はれる。

此《この》辺一帯の地は、春先の緑がわけても心地がよい。何処《どこ》から何処まで、透明な緑の野にところ〳〵の大根の白い花、又菜の花の黄色いのや稀に赤い色

『石神井名所案内』（1933年。練馬区立石神井公園ふるさと文化館所蔵）

も其中《その》にまぢつて、晴れた蒼空、ちぎれ雲、物みなが凡《すべ》て、塵と煙にまみれた、私達の日常の見るものと異つて、濁つた、重い気分の頭を著しく爽快にさせる。

今日も私はぢつと窓から外を眺めた。それは春先の様に軽い緑の美しさではないけれど、強い夏の光をあびた野の景色の心地よさ。あかず眺めて居るうちに汽車は走る。かなりの速力で走る。

東長崎、練馬を経て、石神井駅で下車すると、駅から左に径《こみち》を折れて、いつもの茶店に傘をすぼめる。


三宅やす子は何人かの友人と池袋から東長崎、練馬を経て石神井の駅で降り、三宝寺池に向かった。乗車時間はさほど長くはなかったが、「すしに弁当」を広げ汽車旅を満喫している。郊外とはいっても池袋までは「辺鄙な市中」という印象であったが、武蔵野鉄道に乗って窓外をのぞくと「都を遠く離れた」という思いにとらわれる。武蔵野では春先の新緑が「わけても心地がよい」が、「強い夏の光をあびた野の景色」も心地よい。

三宅はしばしば三宝寺池を訪れているらしく、石神井で下車すると「いつもの茶店」に寄った。サンドイッチを持参していたが、茶店では名物の寿司を注文した。大正期の武蔵野鉄道沿線は、東京人の恰好の行楽地となりつつあったのである。

沿線行楽地の整備

武蔵野鉄道は、こうした沿線を行楽地として開発し、遊覧客を誘致しようとした。一九三一（昭和六）年一〇月に武蔵野鉄道池袋駅が刊行した『四季の武蔵野』というパンフレットは、同鉄道沿

『四季の武蔵野』（1931 年。飯能市郷土館提供［臼田昭一家文書］）

線をつぎのように紹介している。

往時「月の宿るべき山もなし」と詠まれました見渡す限り広漠《こうばく》とした武蔵野平原も時代の変遷と都会文化の高調に伴はれまして近時東京郊外の発展は実に驚異の外ありません。

殊《こと》に帝都の一端池袋から武蔵野平野を縦断して西北を目指して奥へ〳〵と進みますれば行く手に広々とした畑や丘、さては武蔵野特有の雑木林などが絵巻物のやうに車窓に展開されて終点奥武蔵の盆地吾野迄《まで》僅《わず》か一時間四十分足らずで達せられます。

延長六十余粁の感じのよい高速度電車が走る武蔵野鉄道の沿線は、到る所四季を通じての眺めと天与の景勝地に恵まれてゐます。他面に大古《（ママ）》の面影を存した沢山の史蹟が訪人を迎へて居ります。
都人士の清遊探勝に又日帰りの行楽地として頗《すこぶ》る興趣深いものであります。

武蔵野鉄道沿線の主要な行楽地を最寄り駅ごとに示すと**表6・1**のようになる。武蔵野鉄道は、こうした行楽地への旅客誘致を通じて不況期の経営不振から脱していったのである。すなわち、一九三三年上期（一〜六月）の『第四三回営業報告書』によれば、同鉄道は「旅客ニ関シテハ「クーポン」式乗車券ノ活用、稲荷山公園駅ノ新設、大小団体客ニ対スル凡《あら》ユル接待ノ施設等ニヨリ、前年同期ニ比シ壱万九千余円ノ増収ヲ得」たのであった。

興味深いのは、貨物輸送がなかなか増加に転じないのに、旅客輸送は一九三二年度をボトムに増加に転じていることである。旅客輸送の増加は景気の回復にもよるが、武蔵野鉄道が積極的に沿線観光に力を入れたからでもあった。たとえば、一九三三年下期（七〜一二月）の『第四四回営業報告書』は、同期の旅客輸送の増加を「右ハ財界インフレーションニ依《よ》ル固定旅客ノ漸増モアレト、主トシテ遊覧客ノ誘致ニ百方努力シタル結果」であるとしている。

一九三四年上期の旅客収入は、前年同期に比して二万二〇〇〇円の増加をみたが、これは「財界ノ幾分好転ト相俟《あいまっ》テ、沿線ニ於《おい》テハ山口貯水池ノ完成ニ依ル遊覧客ノ増加、奥武蔵高原、伊豆嶽、吾野渓谷等ヲ中心トスル「ハイキング」客並《ならび》ニ天覧山、奥多摩方面等旅客誘致ニ努メ」たからであった（『第四五回営業報告書』一九三四年一〜六月）。山口貯水池の完成による遊覧客の増加ばかりでなく、奥武蔵高原、伊豆ヶ岳、吾野渓谷などへのハイキング客や天覧山、奥多摩方面等への登山客が増えたのである。ハイキングや登山は、当時「体位の向上」という観点からも奨励されていた。

表6・1　武蔵野鉄道の沿線行楽地

最寄駅	主な行楽地
東長崎	哲学堂
江古田	文化住宅地、武蔵野稲荷
練馬	新小金井（千川上水堤の桜）
豊島	豊島園（練馬城址）
中村橋	子の聖権現（円光院）
石神井	石神井プール、三宝寺池、照日塚
東久留米	浄牧院
清瀬	平林寺
所沢	陸軍飛行場
西所沢	小手指ヶ原古戦場、北野天神、荒幡富士
村山公園	村山貯水池、山口観音、狭山茶場碑
豊岡町	狭山茶、光福山大黒天
元加治	円照寺
飯能	天覧山、多峰主山、朝日山、和麗岩、久須美渓谷、名栗ラジウム鉱泉
高麗	高麗王墓
虎秀	諏訪神社
吾野	吾野渓谷、東郷公園（乃木公園）、子の権現、高山不動尊

出典：湯川薫『四季の武蔵野』武蔵野電車池袋駅、1931年10月。

さらに一九三四年の夏季には、時事新報社と奥武蔵キャンプ村を共催し諸学校の団体客を多数誘致した。また、一九三五年には、新興キネマ大泉撮影所（大泉学園駅）や高田プロダクション（豊島園駅）が開設されて、見学者や通勤者が増加した。吾野渓谷方面では、鉄道省が推薦する伊豆ヶ岳などへのハイカーの増加をはかるなど「遠距離遊覧客ノ誘致ニ万全ノ努力ヲ尽」した（『第四八回営業報告書』一九三五年七〜一一月）。一九三六年七月末には正丸《しょうまる》峠ドライブウェーが開通し、奥秩父の観光地と大東京とが連絡され、同年一一月一五日からは武蔵野鉄道の乗合自動車が運転を開始した。

こうして、武蔵野鉄道は沿線行楽地を整備するとともに、さまざまな旅客誘致策を実施し、旅客収入を著しく増加させた。同社の『第五一回営業報告書』(一九三七年一〜六月)は、旅客輸送の営業状況をつぎのように分析していた。

財界一般ノ好転ニヨリ期初ヨリ旅客ノ来往好調ヲ示シ、加フルニ宣伝並《ならび》ニ誘致ニ対シ更ニ一段ノ努力ヲ払ヒタル結果、定期客、並ニ遊覧客共著シキ増加ヲ示セリ、即《すなわ》チ前年同期ニ比シ

一、定期運賃収入　一三、〇〇〇円増(壱割五分)

右ハ住宅増加ノ外《ほか》特ニ新興キネマ撮影所関係並ニ立教大学、拓殖大学運動場関係及自由学園通学者其《その》他ノ増加ニヨル

二、団体運賃収入　一五、七〇〇円増(拾割弐分)

右ハ主トシテ各学校、会社其他ノ遠足団体ノ増加ニヨル

三、一般運賃収入　二七、〇〇〇円増(九分)

右ハ一般旅客ノ増加ノ外特ニ豊島園遊覧者、山岳方面並ニ秩父方面ヘノハイキング客ノ著シキ増加ニ因《よ》ル

右ノ如《ごと》キ好成績ヲ収メ得タリ、殊《こと》ニ昨秋開通ノ正丸峠ドライヴウェーハ東京、秩父ヲ結ブ直線コーストシテ異常ナル都人士ノ人気ヲ喚《よ》ビ、奥武蔵山岳地帯低山ハイカー、両神、三峯等秩父山地ノ探勝客並ニ三峯神社参拝者等著シキ増加ヲ示シツヽアリ、之《これ》ガ宣伝ト目下計画中ノ正丸峠山岳ホテルノ竣工等施設ノ完備ニ依リ益々有望ナル将来ヲ約束スルモノナリ

こうして武蔵野鉄道は、同社沿線に行楽客を誘致することによって旅客輸送の増加をはかったのである。その結果、一九三七年度の旅客収入は、運輸収入の八一・〇パーセントを占めるにいたった。

また、武蔵野鉄道は東武東上線と協調して回遊割引切符を発売していた。一九三五年頃のものと思われる東武電車池袋案内所の「いも掘と栗拾い」という広告は、天神山栗園の栗拾いを「新倉駅から志木駅に亘《わた》る一帯の林間は、東京市近郊の風致区として絶好の散策地であります、此《こ》の原始的林間散策の途中有名な栗園で、お土産の栗拾ひ！　何と愉快な事でありませう」と宣伝するなかで、「お帰りは武蔵野電車で変つた風光を御覧になる便宜な割引が御座います」と、東武東上線と武蔵野電車による回遊割引切符を発売していたのである（東武電車池袋案内所「春陽緑地をふんで　御家族づれ散策好適地」一九三五年頃）。

武蔵野鉄道と旧西武鉄道の競合

旧西武鉄道は、川越鉄道の国分寺〜川越間鉄道を引き継ぎ、一九二七（昭和二）年には高田馬場〜東村山間の村山線を敷設した。武蔵野鉄道と旧西武鉄道は線路が並行して走るので競合関係にあったが、村山貯水地への旅客輸送をめぐっても激しい競争を展開した。

一九二七年三月に東京市民の「水がめ」として完成した村山貯水池は、首都圏有数の景勝地となった。武蔵野鉄道は、一九二九年五月に西所沢駅〜村山公園駅（のちに村山貯水池際駅と改称）間の支線を建設した。また、小平村で学園都市の建設を進めていた堤康次郎率いる箱根土地会社も一九二八年一月、子会社として多摩湖鉄道を設立し、三〇年一月に国分寺〜村山貯水池間の鉄道を開業した（なお、多摩湖鉄道は、一九四〇年三月に武蔵野鉄道に合併されている）。そして、旧西武鉄道も東村山駅〜村山貯水池前駅までの支線を建設し、武蔵野鉄道と貯水池への行楽客の争奪戦を繰り広げた。村山貯水池の周辺には村山貯水池際駅、村山貯水池駅、村山貯水池前駅というまぎらわしい名前の駅が誕生し、乗客を悩ませた。

武蔵野鉄道は、第二次世界大戦後の一九四五年九月、競合する旧西武鉄道と合併して西武鉄道（食糧増産会社も合併したため当初の社名は西武農業鉄道）となった。西武鉄道は、村山・山口貯水池周辺の狭山丘陵の観光開発を推進した。まず、一九四七年一〇月には戦時中に蓮沼門三の率いる修養団の道場一帯を買収して「東村山文華園」（現・西武園ゆうえんち）を開設した。そして、一九五〇年に西武園競輪場、五一年九月にユネスコ村（一九九〇年一一月に閉園）、五九年一二月に屋内スキー場、一九六四年一〇月に西武園ゴルフ場、七九年四月に西武ライオンズ球場を開設した。

コラム　女学生の遠足と修学旅行

第一次世界大戦後の一九一九（大正八）年、東京女子高等師範学校（現・お茶の水女子大学）附属高等女学校の教師たちは、『遠足の栞《しおり》』を刊行した。女学生の体格や体力を強化するため、以下の三点を基準に遠足地を選定した。

一、市内電車運転後凡《およ》そ一時間を経たる頃に集合地を出発し、点灯前後に帰着し得ること。
二、経費約一円五十銭以内のこと。
三、徒歩行程約三里以下のこと。

つまり、日帰り可能であまり経費がかからず、歩行距離もそれほど長くはならないところを選んでいるのである。そして、注目されるのは遠足地を鉄道沿線別に記載していることである（**表6・2**）。校長の小林照朗によれば、東京女子高等師範学校附属高等女学校では、「一昨年来遠足の度数も従来に幾倍加し、運動会の回数も増し、又上級生徒には新に修学旅行をも課し、更に一般に郊外の見学を定行する等、知徳の修養とともに身体を鍛錬する機会を努めて多くして」きたが、こうした教育方針をたてることができたのも、東京から郊外にのびる鉄道が整備されたからであったといえよう。

表6・2 東京女子高等師範学校附属高等女学校の遠足地

方面	遠足地
東海道線方面	[1]谷垂、洗足池、本門寺 [2]川崎、羽田 [3]鶴見、総持寺、花月園 [4]横浜、本牧 [5]杉田 [6]鎌倉、江の島 [7]逗子、葉山 [8]大磯
玉川電車方面	[1]松陰神社、豪徳寺、桜楓園
京王電車方面	[1]新宿、吉田園 [2]調布、多摩川
中央線方面	[1]中野、哲学堂 [2]荻窪、井の頭、大番山 [3]立川、普済寺 [4]百草園 [5]高尾山
武蔵野鉄道方面	[1]飯能
東上鉄道方面	[1]坂戸、岩殿山
高崎線・秩父鉄道方面	[1]大宮公園 [2]秩父、長瀞
成田鉄道方面	[1]成田、三里塚
東武鉄道方面	[1]館林 [2]太田、金山
京成電車方面	[1]国府台、市川新田
総武・房総・北條線方面	[1]津田沼 [2]習志野 [3]稲毛 [4]一の宮 [5]大原 [6]八幡 [7]保田、鋸山

出典:東京女子高等師範学校附属高等女学校編『遠足の栞』同校友会、1919年。

なお、同女学校は、一九一八年五月九日から六泊八日(車中二泊)で京阪地方への修学旅行を行った。五月九日、東京駅午前六時二五分発の汽車に乗り、午後五時五一分に熱田《あつた》で下車、熱田神宮を参拝して名古屋に宿泊した。翌一〇日には、名古屋城を見学、伊勢神宮内宮・外宮の参拝をすませて二見に泊まった。一一日には、猿沢池、春日大社、大仏などを見学して奈良に泊まり、一二日の午後二時頃に京都の宇治橋に着いた。京都では平等院、清水寺、平安神宮、金閣寺、嵐山などの名勝旧跡を見学し、一五日の京都駅午後二時四七分発の列車で帰途についた。東京駅に着いたのは翌一六日の午前七時一〇分であった。

第七章　外国人観光客の誘致

1　明治・大正期の「観光立国」策

喜賓会の創立

大勢の中国人観光客が日本に押し寄せ、大量に買い物をすることを表わす「爆買い」という言葉が、二〇一五（平成二七）年の流行語大賞に選ばれ、訪日外国人観光客を意味する「インバウンド」という言葉も話題になった。事実、近年訪日外国人の数が増え、二〇一五年には約一九七三万七〇〇〇人となり、大阪で日本万国博覧会が開催された一九七〇（昭和四五）年以来四五年ぶりに出国日本人数を上まわった（『朝日新聞』二〇一六年一月二八日、夕刊）。そして、二〇一六年にはさらに増えて二四〇三万九〇〇〇人となった。

実は、訪日外国人数の著しい増加という現象は、両大戦間期と呼ばれる一九二〇〜三〇年代の日本にもみられ、一九三六年の訪日外国人数は四万二五六八人、彼らの消費額は一億七六八万円にのぼり、綿織物、生糸《きいと》、人絹織物につぐ外貨獲得高となって「見えざる貿易」「見えざる輸出」などといわれていた（東京日日新聞社編『世界交通文化発達史』一九四〇年）。

国際観光の発展に大きく寄与したのは、一九一二（明治四五）年に設立をみたジャパン・ツーリスト・ビューローであったが、外国人観光客を日本に誘致しようという動きはもっと早くからみられた。一八八七年の秋、欧米の銀行業務を視察するため、のちに三井銀行総長となる三井高保《たかやす》に随行して「花の都」パリにあった三井物産の益田孝は、そこで渋沢栄一と出会った。二人は、パリの人波のほとんどがイギリス人やアメリカ人などの外国人であることに気づき、日本でも外国人観光客の誘致をはかるべきであるという点で意見の一致をみた。

「喜賓会」という外客誘致機関が創立されたのは、それから数年後のことであった。一八九二年一〇月に渋沢栄一と益田孝の発意で打ち合わせが行われ、翌九三年三月に帝国ホテルで創立総会が開かれた。喜賓会とは、明治期から大正期にかけて政治家、ジャーナリスト、歴史家として活躍した末松謙澄《けんちょう》が『詩経』の一文をとって名づけたもので、「外客を喜ばせる」というほどの意味があり、「遠来の士女を歓待し行旅の快楽、観光の便利を享受せしめ」ることを目的としていた。そこには、「彼我の交際を親密にし、貿易の発達を助成する」という意図も込められており、観光立国、貿易立国をめざす日本の姿を見出すことができる（日本交通公社社史編纂室編『日本交通公社七十年史』一九八二年）。

喜賓会は、具体的には、①旅館営業者への設備改善方法の勧告、②案内者の監督・奨励、③勝地、旧蹟、公私建設物、学校、庭園、製造工場などの観覧・視察上の便宜提供、④来遊者への我邦貴顕紳士の紹介、⑤案内書および地図類の刊行、などを実施することになっていた。なお、喜賓会とは日本国内での名称で、外国人はこれを「ウェルカム・ソサエティ」と呼んだという。

喜賓会の会長には、侯爵で枢密院顧問官でもあった蜂須賀《はちすか》茂韶《もちあき》が就任した。蜂須賀は、イギリス留学の経験があり、フランス公使や文部大臣を務めたほどの国際人であった。福沢諭吉の二男で時事新報社の経営に携わっていた福沢捨次郎が常任幹事、横山孫一郎、鍋島桂次郎、益田孝、三宮義胤《よしたね》、木戸孝正が幹事となり、南貞助が実務にあたった。鉄道作業局や私設鉄道会社も有力な会員となり、会務運営を経済的に支えた。

喜賓会は、英文による日本旅行案内地図や旅行案内書などを発行した。また、一九〇三年に大阪で開催された第五回内国勧業博覧会では、博覧会事務局の後援を受けて英文と中国文で博覧会場案内および全国主要観光地案内を発行し、農商務省の外賓招待状をもっている外国人に京都御所や離宮の特別拝観券を交付した。

喜賓会の運営は、会員の会費と寄付でまかなわれ、宮内省から下賜金を受けたこともあったが、しだいに財政難におちいった。鉄道国有化後は、それまで資金を提供していた私鉄がなくなってしまったので、もっぱら国有鉄道を管轄する鉄道院に財源を頼るようになった。

木下淑夫の外客誘致論

喜賓会が財政難にあえいでいる頃、逓信省鉄道作業局の木下淑夫《よしお》は熱心に外客誘致論を展開した。木下は本書の第二章にも登場しているが、一八七四（明治七）年九月に京都府熊野郡に生まれ、一八九八年に東京帝国大学工科大学（現・東京大学工学部）を卒業したのち、大学院で法律と経済を学び九九年二月に鉄道作業局に就職するという異色の経歴をもち、日露戦争勃発後の一九〇四年八月、休職をして自費でアメリカに留学した。鉄道作業局では、これを機に将来の幹部職員に対する海外留学の必要を認め、一九〇五年五月に木下を復職させ、さらに二年間、海外で運輸営業の研究に従事するよう命じた。

木下は留学中に、日露戦争に勝ったとはいえ、英米人には日本の実情がほとんど理解されていないのではないかという印象をもった。そこで、ロシアからの賠償金で富士山を国立公園にし、瀬戸内海を一大遊覧地帯にして、世界中から外客を誘致すれば、日本の実情を外国人に理解してもらうことができ、国益に貢献できるのではないかと考えた。逓信大臣大浦兼武に建白書を提出し、外客誘致の必要性を主張したが、賠償金を獲得できなかったため木下の構想は実現にはいたらなかった。

木下は一九〇七年一〇月に帰国したのちも、国際親善・富国増進のために外客誘致が必要であると説いてまわった。木下の外客誘致論は、なによりも日露戦争後の不況を乗り切るための経済政策であった。日露戦争が終結すると、物価は騰貴し貿易は逆調となって正貨の海外流出や外債の金利支払いが増大した。木下は、こうしたなかでジャパン・ツーリスト・ビューローを設立して外客を誘致し、彼らの国内消費に期待して正貨出入の均衡をはかろうとしたのである。

ニューヨークの日本協会会頭リンゼー・ラッセルも、木下と同様の外客誘致論をとなえていた。ラッセルは、一九一〇年に来日し、日本経済を発展させるには外客誘致によって外貨を獲得すべきであると主張した。また、同年四月にスイスのベルンで開かれた第八回万国鉄道会議に出席し、西欧諸国の観光事業を視察して帰国した鉄道院副総裁平井晴二郎《せいじろう》も木下の外客誘致論に共鳴し、ラッセルの言葉に励まされながら、国鉄が中心となって外客誘致事業を推進すべきであると考えていた。

木下の外客誘致論は、さらに渋沢栄一、近藤廉平《れんぺい》、井坂孝、白石元治郎《もとじろう》、浅野総一郎ら財界人の賛同も得ることになった。木下は、一九一二年に「ジャパン・ツーリスト・ビューロー設立に就《つい》て鉄道従事員に望む」という一文を寄せた。そこでは、「外人の内地漫遊は、単に彼等が内地に於《お》ける消費に止まらずして、内地旅行の際、其他《その》の産物が彼等の耳目に触れ、其《そ》の結果、之《これ》を海外に紹介するに至るが故に、間接には輸出貿易を発展せしむる」と、外客誘致が輸出貿易の振興にも貢献すると述べられていた。また、「漫遊外人の増加を計るは、斯《かか》る遠大なる目的と共に、直接我等の従事する鉄道の収入を増加する所以であって、我々は業務上よりするもこれを優遇し、常に其満足を得せしめるに注意すべきである」と、外客誘致が鉄道の収入を増加させる手段でもあるとも説いていた（木下淑夫著、木下珠子編『国有鉄道の将来』鉄道時報局、一九二四年）。

ジャパン・ツーリスト・ビューロー（1912年3月。前掲『この人々』より）

ジャパン・ツーリスト・ビューローの設立

こうしたなかで、一九一二（明治四五）年二月、鉄道、汽船、ホテル、外国人に関係をもつ劇場や商店などの代表者に、ジャパン・ツーリスト・ビューロー設立の草案と創立総会の案内が送付された。発起人は、平井晴二郎・木下淑夫・大道良太（鉄道院）、中村是《これ》公《きみ》・清野長太郎・龍居《たつい》頼三（満鉄）、近藤廉平・林民雄・小林政吉（日本郵船）、浅野総一郎・井坂孝（東洋汽船）、林愛作（帝国ホテル）の一二人で、設立趣旨として以下の四点があげられていた。

一、漫遊外人に関係のある営業者間の業務上の改良をはかるとともに、相互に営業上の連絡・利便を増進すること
二、海外に日本の風景・事物を紹介し、かつ外国人に対して旅行上必要な各種の報道を与える便を開くこと
三、日本における漫遊外人の旅行上の便宜を増進し、かつ関係者の弊風を矯正すること
四、そのほか、漫遊外人誘致待遇の目的を達成するのに必要な各種施設を整備すること

一九一二年三月、鉄道院の会議室でジャパン・ツーリスト・ビューローの創立総会が開かれた。参加者は五五名にのぼった。近藤廉平が座長に選ばれ、平井晴二郎が発起人を代表して設立趣旨を説明し、大阪商船社長の中橋徳五郎が出席者を代表して設立に賛成であるとあいさつをした。会則が定められたのち、会の名前については「国際観光奨励会」「日本ツーリストビューロー」「日本観光局」「日本観光奨励会」などがあげられたが、結局原案の「ジャパン・ツーリスト・ビューロー」となった。もともと外国人向けの機関であるし、欧文名と日本訳が別個のものという印象を与えてもよくないというのが、その理由であった。

こうして、喜賓会にかわってジャパン・ツーリスト・ビューローが設立された。渋沢栄一は、これを陳渉《ちんしょう》・呉広《ごこう》の乱を契機に秦が滅び、劉邦《りゅうほう》が漢の初代皇帝として即位し、のちに高祖と称されたことにたとえ、「喜賓会のこれ迄の事業が不振であつたにせよ、この新計画を生み出すひとつの動機となつたことによつて喜賓会は成功し且つその目的を果たしたともいへる」と評した（財団法人日本交通公社総務部総務課編『四拾年乃歩み』一九五二年）。喜賓会は、一九一四年三月をもって解散

した。

ジャパン・ツーリスト・ビューローは、一九一四年の東京駅開業とともに、本部を鉄道院から東京駅乗車口に移し、東京案内所を開設した。同案内所では、旅行のほか、汽車、汽船の切符の代売を始めた。当初は、外国人観光客への斡旋が主であったが、しだいに邦人観光客の斡旋にまで手を広げていった。

後藤新平が企画した『東亜英文旅行案内』

後藤新平は、一九〇八（明治四一）年に満鉄総裁としてロシアを訪問したさい、ロシアの蔵相コフツォフと「完全なる東亜案内書を、英文をもって編纂出版し、もって東洋の事情を世界に紹介し、シベリア鉄道経由の旅客増加を援助すべし」という約束を交わした。そして鉄道院総裁に就任したのち、その約束を *An Official Guide to Eastern Asia*（『東亜英文旅行案内』）を刊行することによってはたそうとした。ただし、その目的は、単に鉄道収益を増加させるという「実利的なもの」だけではなく、「日本文化と日本精神を世界に宣伝」することにあった。

旅行案内書では、ドイツ人ベデカーが一八二八年から刊行を始めたものと、イギリス人マレーが一八三六年から刊行を始めたものが有名である。とくにベデカーの旅行案内書は、記述内容の水準の高さ、地図の正確さ、さらには赤表紙の小型ポケット判という体裁で高い評価を得ており、ドイツ語版ばかりでなく、英語やフランス語にも翻訳されていた。『東亜英文旅行案内』は、このベデカーの旅行案内書に範をとったといわれ、体裁も携帯に便利なポケット判であった。

日露戦争で大国ロシアを破った日本は、一躍世界の列強と伍していくことになり、日本を欧米にアピールする必要が生じた。また、満鉄、東清鉄道、およびシベリア鉄道などによって、ヨーロッパと東アジアが鉄道で結ばれるようになった。後藤は、こうしたなかで『東亜英文旅行案内』の刊行を思い立ったのである。同書は、一九一三年一〇月から一七年四月にかけて刊行され、「満洲・朝鮮」「南西部日本」「北東部日本」「中国」「東インド（フィリピン・仏領インドシナ・蘭領インドシナ・海峡植民地）」の五巻で構成されている。

『東亜英文旅行案内』は、ヨーロッパやアメリカからやってくる旅行者に、旅行中に出くわすものをより楽しく鑑賞できる情報を提供すること、東アジア地域の自然や人情、旅行者の好奇心をそそる伝統的なお店や美術品などをわかりやすく紹介することなどを目的としていたが、東アジアの貿易や産業についても詳細に記述していた。欧米の実業家や資本家に対し、アジアでの事業や投資に道を開くということにも注意を払っていたからである。また欧米からの旅行者も、東アジアの貿易や産業に関する有益な情報を得ることを期待していたと思われる。

後藤の調査好きはつとに有名であるが、『東亜英文旅行案内』の編集にあたっても、徹底的な調査・研究がなされた。鉄道院は二〇万円の予算をつけ、一九〇八年から〇九年にかけて、専門家を朝鮮、満洲、中国、インドシナ、南洋諸島などに派遣し、多くの貴重な資料を収集した。そして日本語で執筆したのち英文に翻訳し、英国人二名の校閲を経て印刷に付したのである。

2 国際連絡運輸

満洲へ！

日本は一九〇五（明治三八）年九月に日露講和条約（ポーツマス条約）を結び、ロシアから東清鉄道南部支線の一部（旅順《りょじゅん》〜長春間）およびその支線、これに付随する一切の権利・財産、撫順・煙台の炭鉱などを獲得すると、一九〇六年一一月に南満洲鉄道を設立した。南満洲鉄道は、一九〇八年五月、大連《だいれん》〜長春間の軌間（三フィート六インチ）を四フィート八インチ半の標準軌に改築した。また、一九一一年一一月には安東〜奉天間の軌間（二フィート六インチ）を標準軌に改築するとともに、鴨緑江《おうりょくこう》の架橋工事を竣工させ、長春〜釜山《プサン》間に直通列車を走らせた。これによって、釜山から長春行きの直通列車に乗り、安東で京奉鉄道（北京〜奉天間）に乗り換えれば、北京にも五日間で行けるようになった。

釜山経由の鉄道は、大連経由と並ぶ有望な路線と期待されたが、東清鉄道との関係が緊密にならない限り十分に利用するのはむずかしかった。ロシアは、哈爾濱《ハルピン》経由の連絡運輸の充実は、満鉄と大連航路の繁栄をもたらし、ウラジオストックの発展を脅かすと考えていた。そこで、哈爾濱で長春行きの列車に乗り換えるさいの待ち合わせに、八〜一〇時間も要するようなダイヤを編成する一方、ウラジオストックの設備を充実させ、満鉄を牽制していた。

日本は、一九一二年五月に哈爾濱での会議で、敦賀《つるが》〜米原《まいばら》間の列車運行を改善し、金ヶ崎（のちの敦賀港）まで列車を乗り入れることを約束し、哈爾濱〜長春間の列車運行の改善を要求した。その結果、同区間には本線と同じ速力で走る列車が運転され、直通列車も走るようになった。

鉄道院もこれに対応し、一九一二年六月、東海道線、山陽線および北陸線のダイヤ改正に合わせて、これまで新橋〜神戸間に運転していた昼間の一、二等急行列車を下関《しものせき》まで延長し、これを新橋〜下関間特別急行列車と称して運行することにした。同時に、ウラジオストック経由で渡欧する旅客のために金ヶ崎まで急行列車を運行した。すなわち、毎週、日・火・水曜日の新橋駅午後九時発の急行列車に一、二等寝台車を増結して金ヶ崎まで直通運転をし、毎週、日・月・水・金曜日に敦賀を発ってウラジオストックに向かう連絡線に接続させたのである。

ところで、この特急列車は一、二等車のみの編成で、郵便手荷物車、一等車、二等車、二等寝台車、食堂車、二等寝台車、一等車（展望車つき）の七両編成で、座席には番号が付され乗車前に予

特急「燕」の展望車（1931年。鉄道博物館提供）

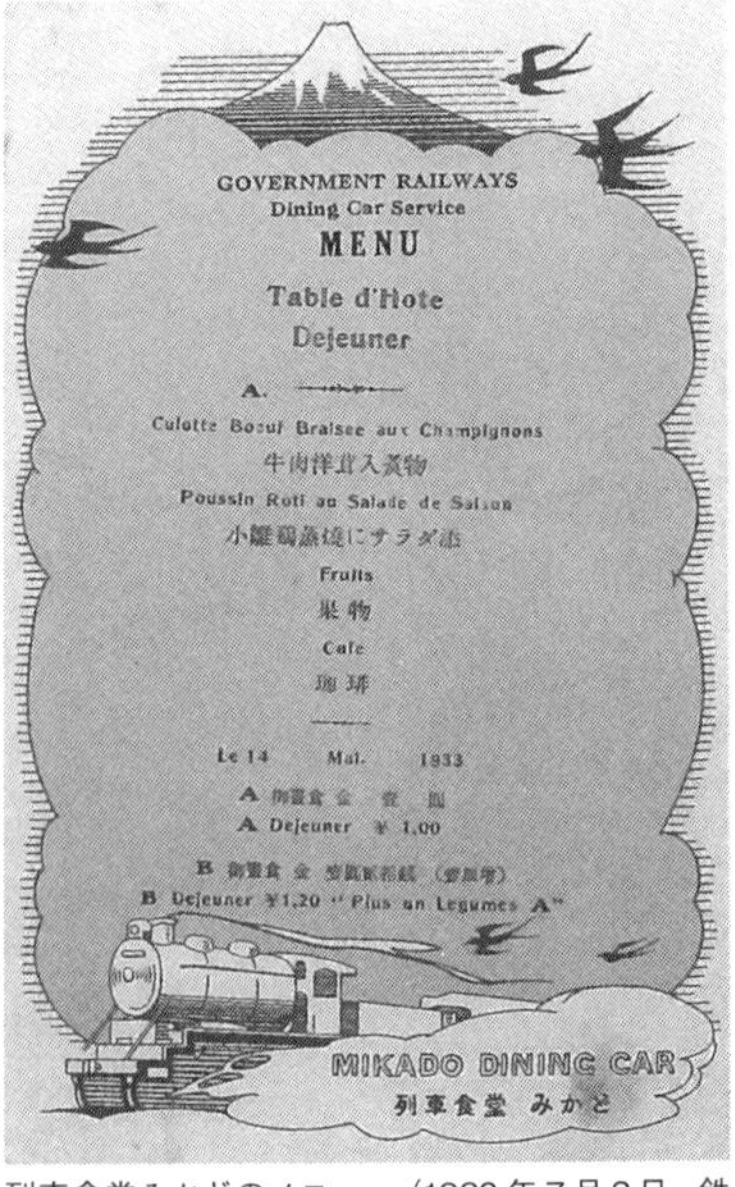

列車食堂みかどのメニュー（1930年7月3日。鉄道博物館提供）

約ができるようになっていた。一九一二年六月一五日から運行を開始し、新橋〜下関間を下り二五時間八分、上り二五時間一五分で走った。世界の豪華列車と比べても見劣りせず、展望車には網代《あじろ》天井、吊灯籠《つりどうろう》、日本式欄間《らんま》、すだれ模様を織り出したカーテンなどが配され、国内の旅行者ばかりでなく、シベリアから満韓を通って下関の埠頭に降り立った外国人からも賞賛された。

なお満鉄は、大連、星ケ浦、旅順、奉天、長春の五か所で「ヤマトホテル」を直営していた。一九一二年一〇月発行の南満洲鉄道編『南満洲鉄道案内』では、ヤマトホテルが「各般の設備行届き客室は清潔取扱は親切叮嚀《ていねい》を旨としホテルとしての一切の便利を合せ有する最も御居心地宜《よ》き客館に御座候《ござそうろう》」と紹介されていた。

東京発、パリ行き

満洲への鉄道が整備される一方で、シベリア経由で日本と欧州各国の鉄道を結ぶ欧亜連絡運輸も発展した。一九一〇（明治四三）年七月、ベルギーのブリュッセルで第五回シベリア経由国際連絡運輸会議が開催された。日本が国際連絡運輸会議に参加したのはこのときが初めてで、鉄道院、満鉄、大阪商船の代表が出席した。会議では、①カナダおよびシベリア経由世界一周連絡、②欧州と日本、朝鮮、中国、ロシアの連絡、③シベリアおよびスイス経由周遊連絡の旅客・手荷物に関する連絡運輸が協定され、翌一一年三月から実施された。

第六回シベリア経由国際連絡運輸会議は、一九一一年七月、イギリスのロンドンで開かれた。そこでは、イギリスから大西洋を越えてカナダに入り、鉄道でバンクーバーに出て、太平洋をわたって日本およびシベリア経由でイギリスに帰る「世界周遊券」と、日本からインド洋およびシベリアを経由してヨーロッパ諸国にいたる「東半球一周周遊券」が設定され、鉄道院は一九一三年からこれらの乗車券を発売した。

当時、シベリアには烏蘇里《ウスリー》鉄道、黒竜江鉄道、東清鉄道、後貝哥爾《ザバイカル》鉄道、トムスク鉄道、アーチンスク・ミヌシンスク鉄道、亜爾泰《アルタイ》鉄道、クルヂン鉄道、コリチュギノ鉄道などが開通していた。その大部分は、いわゆる大西伯利横断鉄道の幹線を組成するもので、「東洋、欧羅巴間最捷最廉ノ通路」（大橋省三編『西比利亜鉄道案内』萬国寝台急行列車会社東京代理店、一九一〇年）であった。

一九一三（大正二）年六月には、「東京発、パリ行き」の鉄道切符が日本で発売され、運賃は一等料金で四一七円二五銭であった。一六日程度の日数を要したが、船では約五〇日を要したので、かなりの時間短縮となった。欧亜連絡運輸は、ロシア革命（一九一七年）とそのあとのシベリア出兵（一九一八〜二二年）などによって一時途絶えるが、一九二七年に再開された。この年の八月にソ連、エストニア、ラトビア、リトアニア、ポーランド、ドイツ、フランス、チェコスロバキア、オーストリア、イタリアなどの各国と日本発着の旅客手荷物運輸が開始されたのである。

3　外客誘致と国際的孤立

――国際観光局と観光ブーム

昭和初期の恐慌期には、国際貸借改善が重要な課題となり、その方策として外客誘致事業に注目

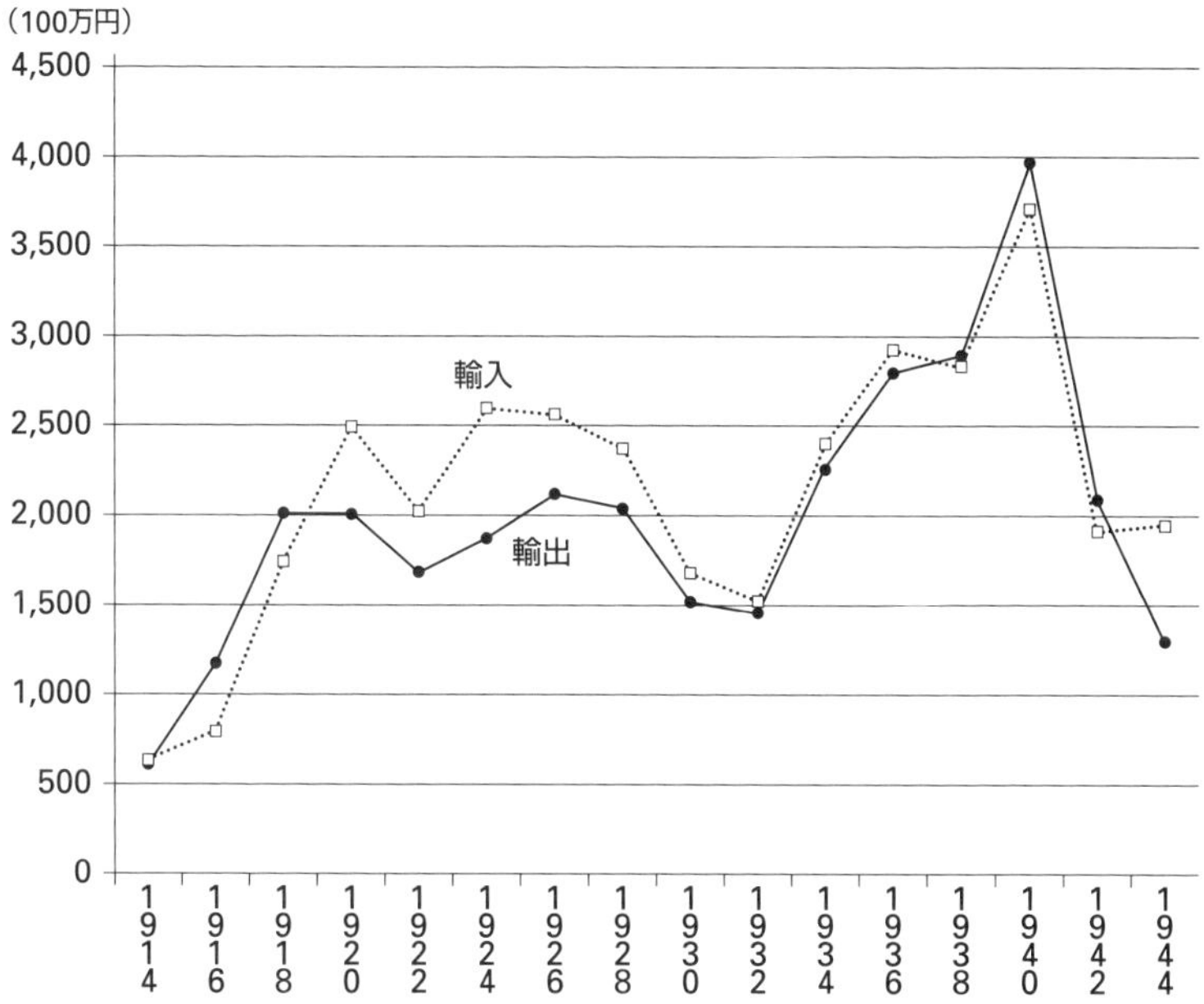

図7・1　両大戦間期の貿易収支

出典：日本統計研究所編『日本経済統計集』1958年。

が集まった。一九二九（昭和四）年三月、田中義《ぎ》一《いち》内閣のもとでの貴衆両院で、外客誘致に関する中央機関の設置を求める建議が可決された。それを受けて、浜口雄《お》幸《さち》内閣が設置した国際貸借審議会は、外客誘致のために政府部内に中央機関と官民合同の委員会を設置すべきであると答申した。図7・1のように、両大戦間期の貿易収支は慢性的な赤字であった。この赤字を埋め合わせるために、国際観光収入を増やそうというのがねらいであった。

こうして、一九三〇年四月、国際観光局が鉄道省の外局として創設された。開局の日は「新局店開きの見物人でてんやわんやのさわぎ」で、日光金谷ホテルの金谷真

一、箱根宮ノ下の富士屋ホテルの山口正造らの兄弟もかけつけ、観光談議に花を咲かせていたという（青木槐三『鉄路絢爛』交通協力会、一九五五年）。また、一九三一年にはジャパン・ツーリスト・ビューローの海外宣伝事業を引き継いで国際観光協会という民間組織がつくられ、鉄道省から二五万円、満鉄から五万円というように寄付を集め、国際観光事業を展開した。

国際観光局が創立五周年を迎えた一九三五年五月二日から六日まで、東京で第一回東洋観光会議が開かれた。同会議には、インド、セイロン、蘭領インド、仏領インドシナ、タイ、香港、フィリピン、中華民国、満洲国、ソ連などの観光事業関係機関と、東洋に関係をもつ英、米、独、仏、伊、蘭の汽船会社および旅行斡旋機関の代表者八〇名が参加した。また、蒲郡《がまごおり》、上高地《かみこうち》帝国、唐津《からつ》シーサイド、雲仙観光、富士ビュー、川奈、名古屋観光、阿蘇観光、赤倉観光など一五のホテルが、大蔵省から低利融資を受けて建設された。

一方、ジャパン・ツーリスト・ビューローは一九二八年九月にニューヨーク出張所を開設し、アメリカ人観光客の誘致をはかった。当時、アメリカ人の海外旅行者は年間八〇万人以上にのぼっていたが、旅行先の多くはヨーロッパであった。そして、そこで消費する金額は約一六億ドルともいわれていた。

そのため、アメリカ人観光客の誘致促進を目的に、鉄道や海運など観光にかかわる機関から資金を集め、対米宣伝共同広告委員会を設置することになった。拠出額は、鉄道省が一〇万円、満鉄および日本郵船が各三万円、ホテル協会およびジャパン・ツーリスト・ビューローが各一万円、朝鮮鉄道、台湾鉄道、大阪商船などが五〇〇〜一〇〇〇円で、年間総額二〇万円ほどであった。この委員会の本部がジャパン・ツーリスト・ビューローのなかにおかれ、ニューヨーク出張所を通じて業務がなされたのである。また、一九三〇年にはアメリカの雑誌記者（夫人もふくめて）一八名を招待した。一行は四月一三日横浜に着き、日本国内および朝鮮、満洲の各地を視察して六月中旬に帰国したが、その間ジャパン・ツーリスト・ビューローの職員がつきそって世話をした。中国からの観光客も多かったが、外貨獲得のためにはアメリカ人観光客がもっとも重要と考えられていたのである。

国際的孤立のなかで増加する外国人観光客

第一次世界大戦（一九一四〜一八年）が勃発すると、欧米からの輸入が途絶したため重化学工業化が進展し、アジア市場への輸出が増えて日本は大戦景気に沸いた。外客誘致論は後景に退くが、木下らは大戦終了後には「必ずや輸入超過の時機来《きた》る可《べ》し」と予測し、その「調節策として漫遊外客誘致に関する方策」の確立が喫緊の課題であると主張した。案の定、大戦後の一九二〇年一月から四月上旬までに輸入超過額が三億円を突破し、「我が国財界の将来は戦前にも増し一層憂慮せねばならぬ状態」となり、以後も輸入超過がつづいた。

木下は、改めてツーリストビジネス（観光業）の有効性を説き、訪日外国人観光客の数を増やすために、ホテル不足の解消と汽船や鉄道など交通上の設備の改善を主張した。ホテルについては、日本旅館を外国人に利用させる工夫を提唱し、海運に関しては、「内資たると外資たるとを問はず苟《いやしく》も我が国と隣接諸邦との交通を発達せしむる如《ごと》き計画は大《おおい》に歓迎す可《べ》き」であるとして、アメリカ船の太平洋航海への進出を歓迎した。また、鉄道については国際連絡運輸の充実に重きをおいていた（木下淑夫「ツーリスト事業の将来と隣接諸邦との関係」、前掲『国有鉄道の将来』）。

木下の主張にもかかわらず、外客誘致事業は第一次世界大戦期以降等閑に付された。しかし、世界大恐慌勃発直後の一九二九年一一月二六日の閣議で国策として採用され、先に述べたように一九三〇年四月、鉄道省内に「国際観光局」が設置された。国際観光局は、外客誘致に関する一切の指導、監督、助長、統制をはかることを目的としていたが、とくに第一次世界大戦後「世界の最大旅行家」となったアメリカ人の誘致に努めた（国際観光局『ツーリスト事業助長に対する諸外国に於ける政府の援助』一九三〇年）。

しかし、木下にとって外客誘致は単なる経済政策ではなく、「隣接雄邦との関係」改善をはかる手段でもあった。日露戦争後、日本は「好戦国」「軍国主義国家」とみなされていたが、それは諸外国の日本に対する知識が「極めて乏しく、「公私共誤解多く万事の交渉も捗々《はかばか》しくなかったからである。木下は、このように考えて「我が国情を洽《あまね》く海外に紹介し、又外客を我が国に招致して相互誤解を一掃するを必要と認め」て、ジャパン・ツーリスト・ビューローを創立したのである。木下によれば、日本に対する諸外国の誤解を解き、国連に加盟して永久平和を希求するとともに、「我が国民が等しく隣邦諸国民を諒解し又彼等国民をして真に我が国を諒解せしむる」ことこそが、日露戦争の勝利で五大国の仲間入りをした日本のとるべき「唯一の道」なのであった。

木下が「隣接雄邦」と考えていたのは、中国、ロシア、アメリカであった。在留中国人の数は約一万二〇〇〇人に及び、そのうちの三割が商人、一割が留学生で、その他は低賃金の雑業に従事していた。また、中国では「日貨排斥、非買行動」などが行われており、その要因には中国人の誤解や一部中国人の扇動などをあげることができるが、中国人蔑視、中国人留学生に対する差別待遇など「我が国民自身亦《また》考慮し反省せねばならぬ点も少なくな」かった。「支那の独立は我が国の安固を致す所以《ゆえん》、支那人の利益はやがて我が国民の利益、支那人の幸福はとりも直さず我が国民の幸福」と考えることが大切であった。

日露戦争以後、ロシア人と日本人の往来が活発になり、訪日ロシア人の数は一九一八年頃には七〇〇〇〜八〇〇〇人にものぼったが、ロシア革命後は日露関係が一挙に悪化した。しかし、木下によれば「露国は露国人に由《よ》り始めて治めらる可《べ》き」で、他国人が干渉すべきではないのであった。そして、訪日アメリカ人は激増し、著名な実業家や議員団の来日もあとを絶たなかった。アメリカは、日本が将来にわたって「政治的にも経済的にも学術的にも凡《すべ》ての関係に於《おい》て提携せねばならぬ国」であると考えられていた。

このように、日本の国民は「世界各国民と充分の諒解を得、我が国民としての地位の向上を計らなければならず、そのためには「外客待遇の機関たるホテル、鉄道、汽船其《その》他の改善が最も肝要」なのであった（前掲「ツーリスト事業の将来と隣接諸邦との関係」）。

それから約一年後の一九三一年九月一八日、満洲事変がおこり、日本は国際的孤立を深め三三年に国際連盟を脱退した。満洲事変後は、国際観光局の外客誘致宣伝活動にもかかわらず、外国人観光客の数は減少したが、国際連盟からの脱退を契機に円貨が暴落し、外国人観光客が増えはじめた。一九三二年に二万人まで落ち込んだ外国人観光客数は、三三年には二万六〇〇〇人、三四年には三万五〇〇〇人、三五年には四万二六〇〇人となったのである（**図7・2**）。皮肉なことに、訪日外国人の数は日本が国際連盟を脱退して国際的孤立を深めていくなかで、円安の進行とともに著しい増加を示したといえる（木田拓也「ようこそ日本へ――日本の「自画像」としての観光ポスター」、東京国立近代美術館編『ようこそ日本へ――１９２０‐３０年代のツーリズムとデザイン』二〇一六年）。国

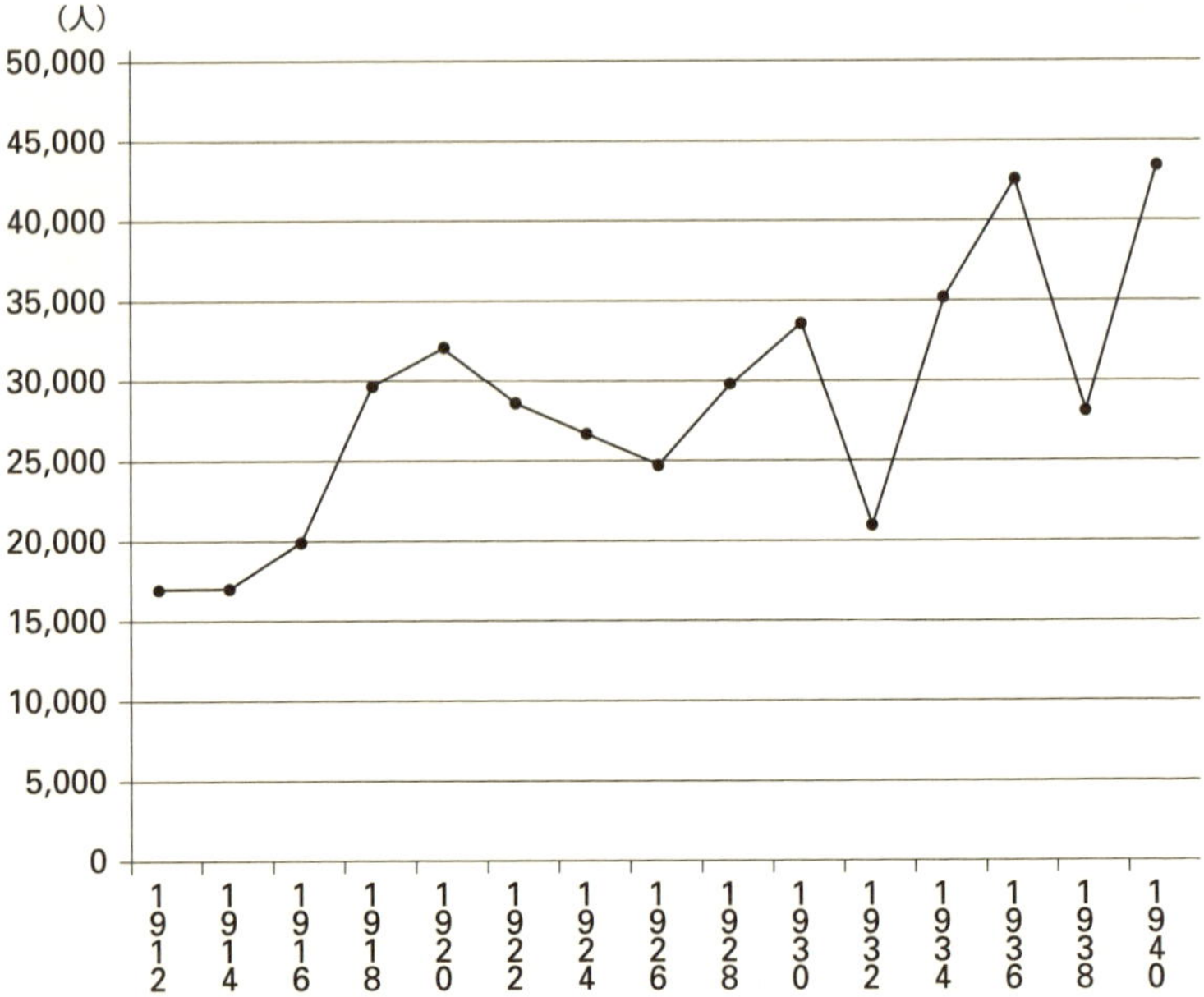

図7･2　訪日外国人数の推移

出典：運輸経済研究センター･近代日本輸送史研究会編『近代日本輸送史――論考･年表･統計』1979年。

際観光局の外客誘致事業は、外貨獲得策としては一定の役割をはたしたが、木下が重視した「隣接雄邦」との親善をはかるものとしては機能しなかったのである。

コラム　花の都への鉄道旅

森まゆみ『女三人のシベリア鉄道』（集英社、二〇〇九年）は、与謝野晶子、中條《ちゅうじょう》（宮木）百合子、林芙美子《ふみこ》ら、パリにわたった女流作家のシベリア鉄道経由の鉄道旅行を興味深く紹介している。与謝野晶子は、すでにパリに滞在していた夫の鉄幹に会うため、一九一二（明治四五）年五月五日に新橋駅を発った。当時、晶子は三三歳で、七人の子を残しての旅立ちであった。ウラジオストックから東清鉄道、シベリア鉄道を乗り継いでモスクワに出た。モスクワからはベルリンを経由して、五月一九日にパリ北駅に到着した。新橋を出てから一四日目であった。鉄幹・晶子夫妻の洋行のための費用は、晶子が阪急電鉄の創業者の一人であった小林一三に「歌百首屛風《びょうぶ》」を購入してもらって捻出した（伊井春樹「与謝野晶子と小林一三」、逸翁美術館編『与謝野晶子と小林一三』思文閣出版、二〇一一年）。

中條百合子がモスクワとレニングラードをめざしてシベリア鉄道に乗ったのは一九二七（昭和二）年一一月、二八歳のときであった。一一月三〇日に東京を発ち、京都で湯浅芳子と合流し、一二月二日に京都発午前八時五三分の列車に乗り、夜の一〇時頃に下関から連絡船に乗って釜山に出た。釜山からは朝鮮鉄道、南満洲鉄道を乗り継いで長春、哈爾濱、満洲里を経てシベリアに入った。百合子の目的はモスクワに行くことであったので、その後はモスクワに滞在していたが、一九二九年六月にパリを訪れた。林芙美子は、四歳年下の画家外山五郎に会うため、一九三一年一一月四日に東京を発ち、関釜連絡線で釜山にわたり、そこから列車に乗って

ポスター「一枚ノ切符デヨーロッパへ」（日本交通協会所蔵）

二三日にパリ北駅に着いた。

旅費は三一三円二九銭（現在の五三万円程度か?）で、『放浪記』の印税の一部をあてたとのことである。

第八章　戦時から戦後へ

1　軍需輸送の拡大と観光輸送の圧迫

戦時輸送への転換

鉄道省は、昭和恐慌期以来の財政的窮境を打開するため、団体割引制度、団体旅客の募集、遊覧券の発売、遊覧地向け特別臨時列車の運転、三等寝台車の連結、ガソリン動車の運転などを積極的に実施し、旅客収入の増加をはかってきた。しかし、表8・1によれば、一九三六年から四一年にかけて、旅客輸送は人員、人キロともに二倍以上の増加を示しているのに、旅客列車設定キロ、客車・電車の車両数は十数パーセント増加したにすぎなかった。そのため、客車・電車一両あたりの輸送人キロは七三パーセントも増加することになったのである。こうして鉄道省は、旅客輸送量と輸送力の不均衡を無視できなくなり、これまでの旅客誘致策の転換を迫られるようになった。

鉄道大臣の中島知久平《ちくへい》は、一九三八年五月の地方長官会議で「戦局が長期戦に入れる今日、銃後の備へは愈々《いよいよ》堅実なるを要するのでありまして、或《ある》ひは軍事輸送、或ひは軍需に関する生産力拡充計画等に基《もと》きまして異常の輸送能力を必要とすることを予想致されますので、当分の間は軍事に関

表8・1 戦時期の旅客輸送量と輸送力

年度	旅客人員	人キロ	旅客列車設定キロ	客車(両数)	電車(両数)	客電車1両あたり輸送人キロ
1936	100	100	100	100	100	100
1937	109	111	99	103	103	107
1938	127	128	103	107	105	119
1939	152	160	106	110	105	147
1940	177	188	112	114	110	163
1941	205	212	117	118	116	173

出典:日本国有鉄道『日本国有鉄道百年史』第10巻、1973年。
[注]数字は、1936年を100とする指数。

係ある輸送能力の強化に必要なる施設に主力を集中する方針であります」と述べた(『鉄道公報』一九三八年五月六日)。一九三七年七月の北京郊外の盧溝橋《ろこうきょう》における日中両軍の衝突を契機に平時輸送から戦時輸送への転換が求められるようになったのである。

平時輸送から戦時輸送への転換は、まず観光輸送の圧迫という形であらわれた。一九三八年四月に「観光報国週間」が実施されたが、その趣旨は「観光事業中における精神的方面を特に強調し、日本精神の顕揚確立を期し、観光事業を通じて奉公の誠をいたさむとする」ことにあった。そのため、「国土愛護」「公徳強調」「心身鍛錬」などの標語がつくられた。翌一九三九年一月には、鉄道省運輸局長の山田新十郎が『鉄道時報』に寄稿し、「旅客誘致宣伝については従来の方針を改革し、時局に対応して新たに祖国の認識、敬神、崇祖、鍛錬を目標とする一つの国民運動を樹立し」たいと述べた。具体的には青年徒歩旅行に対する運賃割引の期間延長、靖国神社臨時大祭参拝遺族に対する運賃割引・無賃輸送、国民精神総動員健康週間中のハイキング特別割引などを断行するというのであるが、この頃から鉄道省の旅客誘致策は大きく転換したのである。

制限される「不要不急の旅行」

日中戦争の勃発以来、鉄道輸送量は急激に増加し、国有鉄道は臨戦態勢への対応を求められていた。こうしたなかで鉄道大臣の寺島健は、一九四一（昭和一六）年一一月の鉄道運賃審議会に、旅客運賃の値上げについて諮問した。「鉄道の使命完遂を期する」ため、「運賃に就《つい》ても再検討を行い購買力の吸収に努めると共に戦時財源の強化と鉄道輸送力の調整整備とに資したい」と考えたからである。寺島によれば、第一次世界大戦後の物価高騰に対応して一九二〇（大正九）年に約二割七分の値上げをして以来、旅客運賃は二〇年以上も据え置きとなっているので、「通行税の値上げと睨み合せ運賃改正を行いたい」というのであった。旅客運賃収入は年間約七億円なので、およそ二割七、八分の値上げを断行すれば二億円近くの増収を見込めるのである（『鉄道時報』一九四一年一一月一五日）。

一九四一年一二月八日には、日本軍の真珠湾攻撃によって日米が戦争状態に入った。日中戦争はアジア太平洋戦争へと拡大し、国有鉄道による戦時輸送体制の確立が早急に解決しなければならない課題となった。

旅客運賃の値上げは一九四二年四月から実施されたが、それに先立って同年一月一日から急行料金と寝台料金が改正され、「これまでに比して相当の値上り」となった。急行料金は、従来の三区間制（四〇〇キロ、八〇〇キロ、それ以上）から二区間制（四〇〇キロ、それ以上）に変わり、急行列車に課された通行税も従来の一割前後から増徴され、三等一割、二等二割、一等三割程度となった。

急行料金・特急料金		寝台料金		合計	改正前	値上率
料金	税	料金	税			
4.50	1.35			20.85	17.20	21.2%
3.00	0.60			13.30	11.10	19.8%
1.50	0.15			6.35	5.40	17.6%
9.00	2.70			31.95	26.85	19.0%
6.00	1.20			20.30	17.50	16.0%
2.00	0.30			8.65	8.55	1.1%
6.00	1.80	11.00	3.30	42.35	30.55	38.6%
4.00	0.80	8.00	1.60	27.50	19.80	38.9%
2.00	0.20	—	—	8.55	7.45	14.8%
6.00	1.80			39.45	35.75	10.3%
4.00	0.80			25.40	23.35	8.8%
2.00	0.20			12.25	11.40	7.5%
9.00	2.70	11.00	3.30	57.65	46.90	22.9%
6.00	1.20	8.00	1.60	37.40	30.60	22.2%
3.00	0.30	—	—	13.35	12.80	4.3%
3.00	0.60			13.10	10.90	20.2%
1.50	0.15			6.25	5.30	17.9%
4.00	0.80	6.00	1.20	27.80	21.00	32.4%
2.00	0.20	—	—	9.90	8.80	12.5%

表8・2 国鉄急行料金・寝台料金の改正[1942年1月]

区間	急行／特急	等級	運賃	
			料金	税
東京〜名古屋	普通急行	1等	13.20	1.80
		2等	8.80	0.90
		3等	4.40	0.30
東京〜大阪	特別急行	1等	17.85	2.40
		2等	11.90	1.20
		3等	5.95	0.40
	普通急行・夜行・寝台(下段)	1等	17.85	2.40
		2等	11.90	1.20
		3等	5.95	0.40
東京〜下関	普通急行	1等	28.65	3.00
		2等	19.10	1.50
		3等	9.55	0.50
	特別急行・寝台(下段)	1等	28.65	3.00
		2等	19.10	1.50
		3等	9.55	0.50
上野〜青森	普通急行	2等	8.60	0.90
		3等	4.30	0.30
	普通急行・寝台(上段)	2等	14.60	1.20
		3等	7.30	0.40

出典:「国鉄急行料金寝台料金の改正」(『旅』第19巻第1号、1942年1月)。
[注]一部合計値に誤りがあったので修正した。

表8・3　雑誌『旅』に掲載された鉄道省の標語

標語	号数	刊行年月
1 年末年始は非常に混みます 御願ひ 急がぬ旅行はしばらく待つこと 贈答品や不急の品は送らぬこと 車内持込手回品は2箇以内のこと	第19巻 第2号	1942年 2月
2 先づ大東亜戦の完遂だ！ 国家動脈の活用に協力 無駄な旅行はやめませう	第19巻 第3号	1942年 3月
3 鉄道は兵器だ！ 輸送力の確保に協力 無駄な旅行はやめませう	第19巻 第4号	1942年 4月
4 “次々に牙城を抜いて本土まで” 鉄道は兵器　重要物資の輸送を第一に □急がぬ荷物は送らぬこと □急がぬ旅行は控えること	第19巻 第5号	1942年 5月
5 国防生産力の拡充と食糧確保のため 四月➡六月　重要物資輸送の完璧 全国民の協力	第19巻 第6号	1942年 6月
6 国策輸送に協力　交通訓練運動 親和互譲精神の昂揚 交通機関の愛護 清浄道徳の発揚 乗降秩序の徹底 防諜に注意　空襲時の訓練	第19巻 第8号	1942年 8月

出典：『旅』第19巻第2〜6号、8号、1942年2〜6月、8月。
［注］**5**は、鉄道省と企画院・情報局の共同広告。

寝台料金も一〜五割程度の値上げとなり、二等二割、一等三割の通行税が課されるようになった。東京から着駅ごとに区別して、運賃、急行料金、寝台料金を示すと**表8・2**のようで、東京〜大阪間の普通急行一・二等では四割近い値上げとなった（「国鉄急行料金寝台料金の改正」『旅』第一九巻第一号、一九四二年一月）。

こうしたなかで三月四日の午後六時から、鉄道省鉄道次官の長崎惣之助が会長を務める日本旅行倶楽部の第四回専門委員会が下谷《したや》区池之端《いけのはた》（現・東京都台東区）の雨月荘で開催された。その席上であいさつに立った副会長の高久甚之助は、「十七年度は時局に適応した健全なる旅行の普及と旅行道徳の昂揚に全力を注ぐ」と語った（「第四回専門委員会開く」『旅』第一九巻第四号、一九四二年四月）。また鉄道省は、日本旅行倶楽部が発行する雑誌『旅』に**表8・3**のような標語を掲載していた。そこには、戦時輸送を完遂するため国民の「不用不急の旅行」を制限しようという鉄道省の意図がはっきりとみてとれる。

戦時下の「家族旅行」

このように、不急不用の旅行は否定されるようになった。しかしこの段階では、なおも旅行を肯定する議論がなされていた。日本文学者で日本大学教授の大和資雄《やまとやすお》は、『旅』（第一九巻第九号、一九四二年九月）に「家族と共に楽しむ旅行」という一文を寄せている。

大和は私立大学の教授で、「時間にも金銭にも余裕のない身」であった。しかし、「煙草《たばこ》や酒や一切の道楽を節して、夏に家族と共に十日間ほどの旅に出ること」を無上の喜びとしていた。大和にとって、家族旅行は「私の生活の砂漠のオアシス」であった。

大和は、伊豆半島の土肥《とい》から修善寺への旅、松島、十和田《とわだ》など東北への旅を楽しんだことがある。土肥の海では息子に水泳を教え、土肥館という旅館の主人からもらった浜木綿《はまゆう》は見事に成長し、「家族中の思い出の種」になっている。娘は、峠越えのバスのなかでバスガールから修禅寺物語を聞いたときの感動をいまだに忘れていない。東北への旅では、八戸で旧友と出会い、家族ぐるみで旧交を温めることができた。

大和は、家族旅行で子どもたちの成長するのを楽しみ、親子の絆を築いてきた。しかし、こうした大和も、時局下にあってつぎのように自問せざるを得なくなった。

あまり好ましい言方ではないが、家族づれの旅行が国民教育の立場から見て、又健全な家庭の建設といふ見地からいつて、次代の精神的錬成に、はたしてそれほど役立つものであらうか。何《なに》ほどかの効果は期待できるとしても、国家の輸送能力が戦争遂行のために全力をあげてゐる此際《この》に、又一紙半銭の財といへども節約して弾丸を造るべき時、いつなんどき我家の上に敵機の爆弾が落ちないものでもない今、家族と共に旅行などしてよいものであらうか。

大和は、この問いに対して「良心と良識」をもって「断然肯定である」と答えた。というのは、長期戦を覚悟しているわれわれにとっては、「次代の錬成こそ何より大切」と考えられるからであった。戦争遂行にあたっては、もちろん弾丸もつくらなければならないが、「弾丸を造る人間や打つ人間の方が一層肝心」だからであった。節約を口実にして、次代を担う若者が「引込思案《ひっこみじあん》や吝嗇《りんしょく》に堕落」してしまうと、「興国の民の積極進取の精神は失はれてしまふ」のである。大和は、みずからの父親との旅行の経験も踏まえて「子が親と共に楽しむ旅行から得る教育的効果は、まことに量《はか》り知るべからざるものがあ」ると認識していた。そして、「さしづめ、親たちは欧米風の夫婦享楽本位を廃棄して、できるだけ子供と共に楽しむ旅を企て、旅行によつて身体鍛錬だけにとどまらず、国民精神を錬成し、民族の歴史的世界を次代の国民に自覚させる心構へをもたうではないか」と呼びかけた。「国民精神の錬成」という時局に迎合したスローガンを掲げてではあったが、なおも家族旅行の必要が主張されていた。しかし、時代が進むにつれて、旅行はさらに窮屈なものになっていく。

「戦時陸運非常体制」に向けてのダイヤ改正

一九四二（昭和一七）年七月に下関〜門司《もじ》間の関門海底トンネルが単線開通し、同年一一月から旅客輸送が開始された。それにともない、全国的なダイヤ改正がなされた。宮脇俊三は、『時刻表昭和史』（角川選書、一九八〇年）のなかでつぎのように記している。

昭和一二年の日中事変勃発いらい、ダイヤ改正のたびごとに楽しい列車の削減やスピード・ダウンが繰り返され、時刻表の誌面が寒々としてきた昭和一七年末にあって、関門トンネル開通によるダイヤ改正は、ひときわ華やかに見えた。下関行だった「富士」が長崎行になったのをはじめ、東京から九州へ直通する列車が八本も出現したからである。このうち、一五時二五分発の鈍行長崎行と二三時〇〇分発の急行鹿児島行とは二晩走りつづけて翌々日の朝に終着駅に着くという空前の長時間・長距離運転の列車であったから、日本の国土が大きくなったような感さえあたえた。関門トンネル開通を期に国鉄の発着時刻の表記が大陸なみの二四時制に変えられたのも、納得できるような気がした。

このように、一見はなやかにみえるダイヤ改正であったが、これを機に「戦時陸運非常体制」に突入し、これまでの鉄道省編纂『時間表』が『時刻表』と改題され、発着時刻の表記も午前、午後の区別のない二四時制となった。国鉄は、一九三〇年代の中頃までは観光、海水浴、登山、スキーなどの旅行客の誘致に熱心であったが、この頃になると一般客が完全に締め出され、『時刻表』から旅行客を勧誘するような広告はなくなり、戦時色がいっそう強くなった。青函《せいかん》連絡船や関釜連絡船の運航時刻は機密として削除され、外航航路、航空路の欄もなくなった。現在の近畿日本鉄道の前身会社にあたる大阪電気軌道と参宮《さんぐう》急行電鉄は、皇紀二六〇〇年にあたる一九四〇年一〇月の『時間表』には、伊勢神宮、橿原《かしはら》神宮、熱田《あつた》神宮への聖地参拝を旅客に促す広告を掲載していた。その後大軌は、一九四一年三月に参宮急行を合併して関西急行鉄道となるが、同社が四二年一一月の『時刻表』に掲載した広告からは旅客を誘致しようという意図はまったくみられなくなっている。

ダイヤ面では、関門トンネルの開通にともなって、特急「富士」が長崎まで延長され、東京〜鹿児島間の急行二本、東京〜博多・門司間の急行各一往復が九州直通急行となった。また、東京〜久留米〜長崎〜八代《やつしろ》間の長距離普通列車が走り、京都〜下関間の夜行普通列車が九州線に乗り入れて佐世保、長崎、鹿児島へ直通するようになった。大阪〜下関間には関釜連絡船と接続する急行が設定された。

しかし、特急「桜」は急行に格下げとなり、各地の快速サービスは縮小され、食堂車や寝台車を連結する列車も少なくなった。不定期列車も削減され、このダイヤ改正が「旅客誘致」から「旅行抑制」へと転換するきっかけとなった（須田寛『時刻表にみる国鉄旅客営業のあゆみ』日本交通公社出版事業局、一九七八年）。

一九四三年二月には、「戦時陸運非常体制」への移行と銘打ったダイヤ改正が行われ、「特別急行」は「第一種急行」、「普通急行」は「第二種急行」とされ、多くの特急が廃止となった。特急

「鷗」も廃止となり、特急「富士」は第一種急行として生き残ったが、運行区間が長崎行から博多行に短縮され、東京～博多間の所要時間も従来の二〇時間から二一時間三〇分に延長された。そして、同年一〇月のダイヤ改正では不定期の特急「燕《つばめ》」が廃止となり、第一種急行、第二種急行の整理・統合が行われて貨物列車が増発された。

さらに一九四四年四月には、第一種急行（旧特急）はすべてなくなり、一等車、展望車、寝台車、食堂車などもぜいたくであるとして廃止になった。そして一九四五年三月のダイヤ改正によって急行列車は東京～下関間一往復のみとなった。

駅弁の掛け紙

戦時色は、駅弁の掛け紙にもみられるようになった。満洲事変が起こったのは一九三一（昭和六）年九月一八日であるが、この頃にはまだ駅弁の掛け紙にも大きな変化はみられない。この年の九月二七日発売された盛岡駅陸奥館の駅弁「御寿《おす》し」の掛け紙は、まったく普段のままであった。翌一九三二年三月三一日発売の成田駅飯塚の駅弁「御弁当」の掛け紙にも、「愛せよ風景、美化せよ国土」という標語が印刷されているだけであった（瓜生忠夫『駅弁物語』家の光協会、一九七九年）。

しかし、一九三七年七月七日の盧溝橋《ろこうきょう》事件を契機に日中戦争が始まると、駅弁の掛け紙にも戦時色が色濃く反映されるようになった。一九三七年九月に第一次近衛文麿《このえふみまろ》内閣が「国民精神総動員運動」（挙国一致・尽忠報国・堅忍持久）を提唱すると、掛け紙に「国民精神総動員」と刷り込んだ駅弁が現れた。同年一一月に日独伊防共協定が結ばれると、名古屋駅で日・独・伊三国の国旗とともにオリーブをくわえた鳩を描いた掛け紙の駅弁が売られた。また、一九三八年四月に「国土愛護、

駅弁の掛け紙（大府駅で 1943 年に販売。瓜生忠夫『駅弁物語』〔家の光協会、1979 年〕より）

公徳強調、身心鍛錬」をスローガンとする「観光報国週間」がスタートすると、そのスローガンを印刷した掛け紙の駅弁が愛知県岡崎駅で発売された。

一九四〇年七月七日は日中戦争三周年であったが、名鉄立売組合連合会が福井県の敦賀《つるが》駅などで発売した駅弁の掛け紙には、「今日は支那事変勃発三周年に当ります。時局愈《いよいよ》重大なるの秋《とき》挙国一致新東亜建設に邁進するの決意を一層鞏固にすると共に、出征兵士の労苦を偲ぶ一端として本日に限り一菜主義に則った簡易な弁当としました」と記されていた。

一九四三年五月二〇日に調製され、愛知県岡崎駅で発売された「御弁当」の掛け紙には「決戦旅行体制強調／急がぬ旅行は見合わせよ／乗車は中程へ／足らぬ座席は交替で／旅に防諜／撮るな喋るな／敵は身近に居る」などと書かれていた（宮瀧交二「駅弁掛紙から見た戦時下の民衆意識」『歴史地理教育』八三〇号、二〇一五年）。

2　復興期から高度成長期へ

観光の活性化と多様化

敗戦後、早くも一九四六（昭和二一）年に全日本観光連盟が結成され、四八年には観光事業審議会が設置された。そして、同年には観光施設整備五か年計画に関する建議がなされ、五六年に観光事業振興五か年計画が策定されている。また、外貨獲得を目的に外国人観光客の受け入れも積極的になされた。

観光業は、戦後復興のための重要な産業とみなされていたのであるが、本格的な展開をとげるのはレジャーブームが到来する一九六〇年代になってからのことであった。一九六三年には観光基本法が制定され、観光は、①国際親善の増進、②国民経済の発展、③国民生活の安定・向上に寄与するもので、国際平和と国民生活の安定を象徴するものであるとされた（内閣総理大臣官房審議室編『観光白書』一九六五年版）。

一九六〇年代の高度経済成長期に、日本人の所得水準は確実に向上した。それにともない、生活上の価値観、消費様式にも大きな変化が現れ、余暇時間が増加し、旅行をする日本人が増えた。**図8・1**は、経済企画庁（現・内閣府）の消費者動向予測調査による一泊以上の旅行回数別分布を示したものであるが、一泊以上の旅行を一回もしなかったものは、一九六一年八月の調査で五〇パーセント、六三年二月の調査で四〇パーセントを切り、六四年二月の調査では三七・八パーセントとなっている。

国鉄は、旅行市場の多様化と拡大にともない、輸送面での充実をはかるとともに、さまざまな商品を開発し、販売面からも積極的な戦略を展開した。輸送面では、観光客の輸送需要は季節波動が大きいため、定期列車の運行を充実させただけでなく、夏の海水浴臨時列車、冬のスキー・スケート臨時列車、春秋の郊外への快速列車など、季節列車を走らせた。

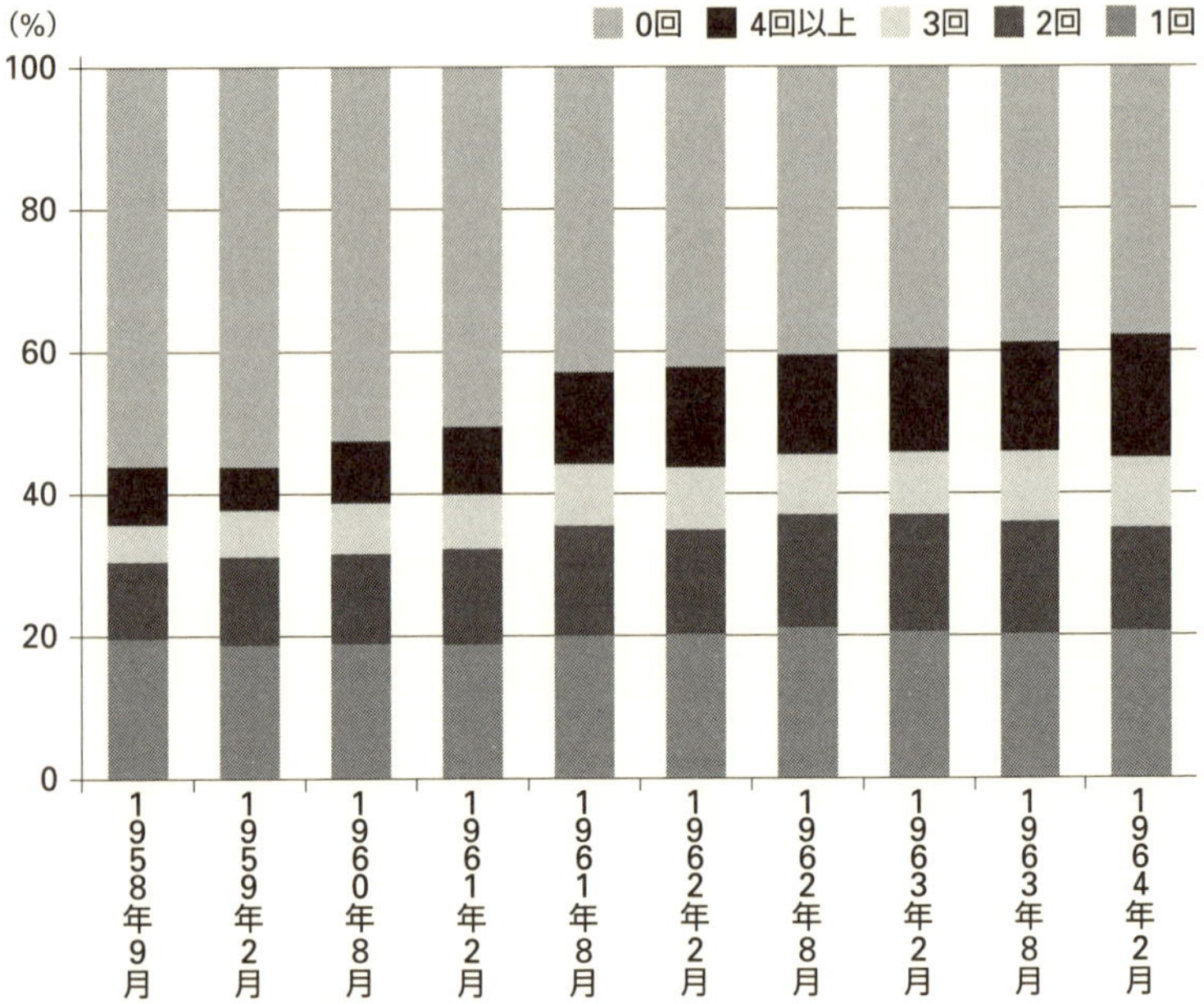

図8・1　1泊以上の旅行回数別分布

出典：内閣総理大臣官房審議室編『観光白書』1965年版。

販売面では、一九五五年に普通周遊乗車券が発売された。同周遊券は二か所以上の周遊指定地を回れば運賃が二割引になるというもので好評を博した。また、翌一九五六年からは、北海道、九州、四国、東北、南近畿、山陰の地域内を自由に旅行できる均一周遊券も発売された。周遊券の販売数は**表8・4**にみるように年々著しい増加を示しており、国鉄のヒット商品となった。

さらに国鉄は、特殊往復乗車券、フリー・キップ、ミニ周遊券、ルート周遊券、オフシーズンのエック（エコノミークーポン）など、多様な観光客誘致のための切符を販売するとともに、団体旅行の誘致にも努めた。

国鉄は、一九六五年九月、主要一五二駅にマルス一〇二座席予約自動装置を設置するとともに、指定席特急券の専用販売窓口として「みどりの窓口」を開設した。オープン・カウンター方式の開放的な窓口で、国鉄のイメージを一新した。一九六八年一〇月には、名古屋駅に「旅行センター」を開設し、国鉄の販売する乗車券類ばかりでなく、指定旅行業者と提携して宿泊券や観光券など、出発してから帰宅するまでの間に必要とされる、あらゆる旅行商品を販売した。旅行センターは、一九七五年七月までに全国主要駅に七七か所ほど設けられ、国鉄の広域的な営業活動の拠点となった。

一九七〇年代には、政府も余暇行政に力を入れるようになった。通産省に余暇開発産業室、経済企画庁には余暇開発室が設けられた。また、建設省のレクリエーション都市、環境庁の国民休暇村・国民休養地・東海自然歩道、運輸省の青少年旅行村・観光レクリエーション地区、農林省の自然休養村、林野庁の森林レクリエーション・エリア、労働省の勤労いこいの村、さらには国民宿舎、ユースホステルなど、公的な余暇施設の整備が進められた。こうした余暇行政の拡充が、国鉄に対する旅行需要を拡大したのである。

表8・4　国鉄周遊券の利用

（千人）

	普通周遊券	均一周遊券
1956	695	不詳
1957	857	不詳
1958	1,205	89
1959	1,623	170
1960	2,291	222
1961	3,022	283
1962	3,609	368
1963	3,962	441
1964	4,310	495
1965	5,013	550
1966	5,240	526
1967	5,644	555
1968	6,087	576

出典：運輸省観光局『観光のはなし――わが国観光の現状』1962年、内閣総理大臣官房審議室編『観光白書』1965、69・70年版。

一九七〇年代の旅行は、著しく多様化した。一九七四年度の『観光白書』によれば、団体旅行が減少し、家族や友人と史跡を訪ねたり、スキー、スケート、登山、海水浴などのスポーツを楽しんだりする旅行、週末に郊外の自然に親しむ小旅行などが人気を呼んだ。旅行市場は、多様化しながら拡大しつつあったといえる。

大手私鉄の観光開発

高度経済成長期には、大手私鉄も観光開発に取り組んだ。東武鉄道は、一九五五（昭和三〇）年七月から八月末日まで、季節限定の日光行き臨時急行を走らせ、日光方面の夏山に向かう旅客の便をはかった。そして、一九五六年四月には一七〇〇系特急ロマンスカーを日光線に投入し、浅草～東武日光間の所要時間を一三六分から一一九分に短縮した。その後、国鉄が日光線を電化して上野～日光間の所要時間を一一〇分に短縮すると、東武鉄道の危機感が深まり、一九六〇年一〇月に「けごん号」「きぬ号」「おじか号」などの一七二〇系デラックスロマンスカーを投入した（東武鉄道社史編纂室編『東武鉄道百年史』一九九八年）。

小田急電鉄も、一九四八年一〇月には、早くも新宿～小田原間に観光用のノンストップ特急を走らせ、五〇年八月には箱根登山鉄道と契約を結び、創業以来の悲願であった箱根湯本への乗り入れを実現した。そして、一九五一年二月にはさらにデラックスな一七〇〇形ロマンスカーを運転し「ロマンスカーの小田急」の名が定着した。小田急の箱根行き特急電車の輸送人員の推移をみると**図8・2**のようである。一九五六年度には五〇万人、五九年度には一〇〇万人を超え、六三年度には二〇〇万人を超えた（小田急電鉄株式会社社史編集事務局編『小田急五十年史』一九八〇年）。

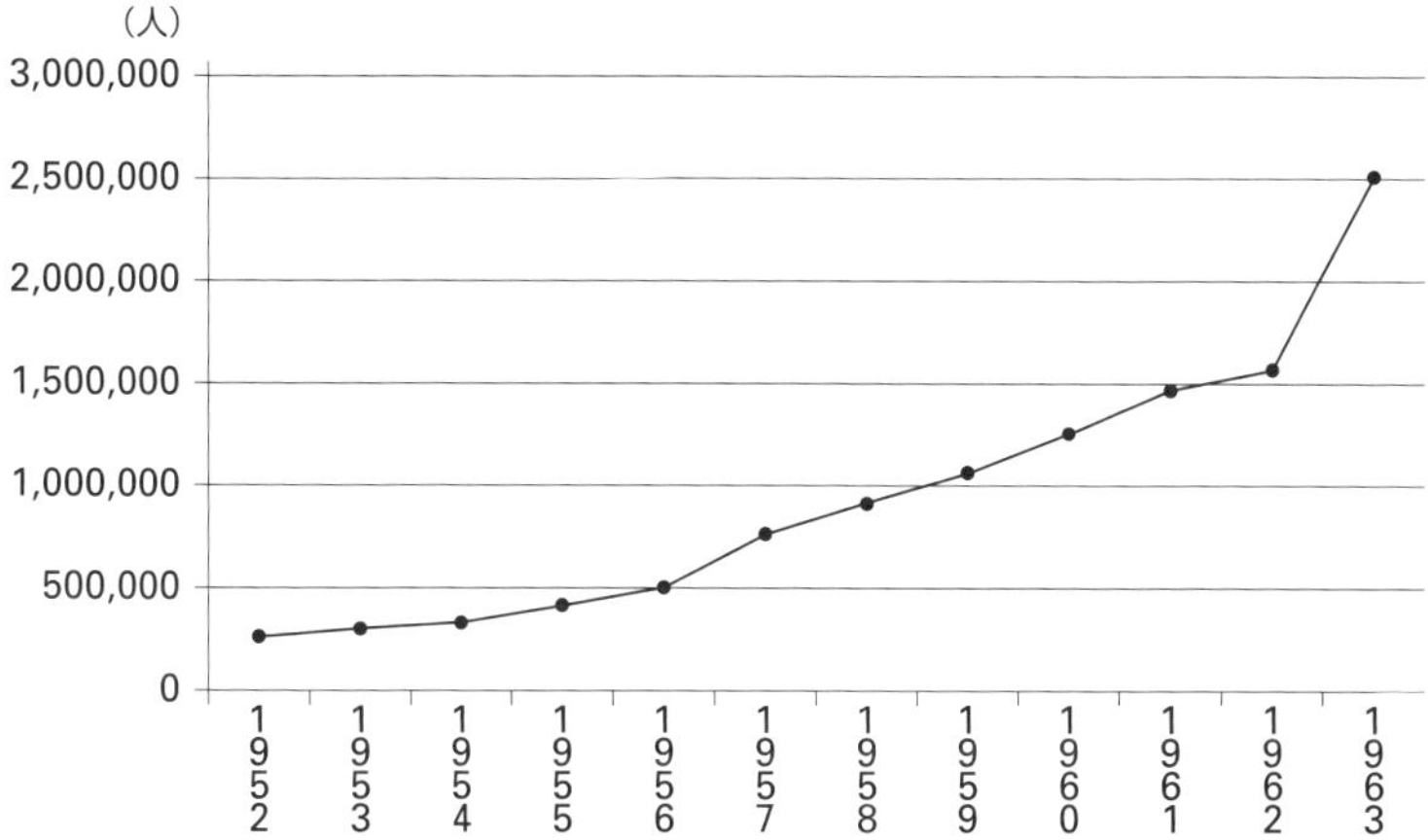

図8・2　小田急の箱根行特急電車輸送人員

出典：小田急電鉄株式会社社史編集事務局編『小田急五十年史』1980年。

大手私鉄は、観光客の輸送だけを考えていたわけではなかった。大都市と観光地の間の交通機関を自社あるいは系列企業で独占し、観光地では別荘地の分譲、ホテル、ゴルフ場、遊園地、その他レクリエーション施設などを経営した。

たとえば京阪電鉄は、高度成長期におけるレジャー・観光需要の増加を背景に、琵琶湖周辺地域の開発事業を強化した。比叡山は、京都と滋賀の府県境にそびえる天台密教の聖地としてあがめられ、そこからの京都、琵琶湖の眺めは絶景であった。一九五〇年七月には比叡山と琵琶湖周辺地域が国立公園に準じる景勝地として認められ、「琵琶湖国定公園」に指定された。これは、日本で最初の国定公園であった。

京阪電鉄は、まず琵琶湖の観光航路に経営基盤をおいていた琵琶湖汽船の経営再建をはかった。琵琶湖汽船の経営は天候に左右され、冬季には著しい経営不振に陥っていた。また、一九五一年に約一億円という巨額な投資をして建造した豪華船玻璃《はり》丸も、就航当初こそ大盛況であったが、すぐに陳腐化し乗船客の減少に悩んでいた。そこで、琵琶湖汽船は京阪電鉄と協議を重ね、滋賀エリアにおける京阪各グループ会社のバス・タクシー部門を統合して琵琶湖汽船自動車と社名を変更し、年間を通して稼働できる経営体制に転換させた。

京阪電鉄は、一九六六年四月、浜大津港南側に京阪レークセンターを開業した。レストハウス、駐車場、大噴水からなり、琵琶湖の水、陸、空を一体化した総合観光基地というふれ込みであった。京阪レークセンター内には、京阪ボウルやびわ湖パノラマプールなどのレジャー施設が整備された。また京阪電鉄は、比叡山ドライブウェイ中腹に比叡山観光ホテルを開業した（京阪電気鉄道株式会社経営統括室経営政策担当編『京阪百年のあゆみ』二〇一一年）。

このように京阪電鉄は、高度経済成長期に琵琶湖周辺地域の観光開発に積極的に取り組んだのである。

東海道新幹線と東京オリンピック

一九六四（昭和三九）年一〇月一〇日から二四日にかけて、東京オリンピックが開催された。また、一九七〇年三月一五日から九月一三日までの一八三日間、「人類の進歩と調和」を基本理念とする日本万国博覧会が大阪府千里丘陵で開催された。この頃の日本は高度経済成長の真っただ中にあり、一九六八年にはGNP（国民総生産）で、資本主義国ではアメリカに次いで世界第二位となった。東京オリンピックと日本万国博覧会は、「経済大国」となった日本の姿を世界に示す国家的な一大イベントとなった。

東京オリンピックが開幕する九日前の一〇月一日、東京〜新大阪間を、最高時速二一〇キロ、三時間一〇分で結ぶ東海道新幹線が開業した（開業当初は四時間）。東海道新幹線の開業は、自動車や航空機に押されて斜陽化しつつあった鉄道を再生させたという意味で、世界の鉄道史上画期的な出来事であった。東海道新幹線の開業に刺激されて、西欧諸国では一九六〇年代後半から八〇年代にかけて、フランスのＴＧＶやドイツのＩＣＥなど、高速鉄道が走るようになったのである。

パンフレット「東海道新幹線の話」（日本国有鉄道発行、1963 年。著者所蔵）

開業当初は、一日三〇往復の「ひかり」と「こだま」で約六万人の旅客を運んでいたが、二年後の六六年には約一二万人、六八年には約一八万人、万博が開催された七〇年には約二三万人となった。また、開業直後には、ビジネス客が六八パーセントも占め、しかも旅客の九五パーセントは東海道地域内の相互交流であった。つまり、東海道新幹線の役割は、東海道地域内の都市間ビジネス輸送にあったといえる。

しかし、東海道沿線の観光地にもそれなりの影響を及ぼした。たとえば、箱根・熱海・湯河原地区の観光客数は年間一六〇〇万人前後で低迷していたが、東海道新幹線の開業によって関西方面からの観光客が増えて一九〇〇万人ほどになった。そして、開業直後には二〇パーセント前後にとどまっていた観光を目的とする旅客が、開業五年後の一九六九年には三三パーセントとなり、ビジネス客の比率は五三パーセントに下がった（伊江朝雄『観光　その反省と前進のために』交通日本社、一九七六年）。

東海道新幹線の開業から数日後の一〇月六日、常陸宮《ひたちのみや》夫妻が午前一〇時の新幹線で関西方面に向かった。伊勢神宮と神武《じんむ》天皇陵に結婚と新宮家創立の報告をするためであったが、お二人にとってはいわば新婚旅行であった（「常陸宮さま〝新婚旅行〟超特急で関西へご出発」『朝日新聞』一九六四年一〇月六日、夕刊）。また、新幹線開通後、半ドンの一〇月三一日（土）から一一月一日（日）、三日（火）とつづく飛石連休を前に、新幹線は予約者で早々と満員となった。

東海道新幹線は飛行機の強敵とみられていたが、その影響は予想以上に大きかった。日本航空は、前年一〇月に比べると、東京〜大阪間の乗客が一万八〇〇〇人ほど減少し、六万人台から四万人台となり、利用率では前年の九〇パーセントから五〇パーセント前後に落ち込んだ。全日空でも、前年と比べると東京〜大阪間の乗客が一日あたり三〇〇〜四〇〇人ほど減少し、利用率は九〇パーセント台から六〇パーセント台に落ち込んだ。そのため、一一月からは一日一八往復を一六往復に減らすことになった（「国鉄新幹線　対策ねる航空会社　来年はエア・バスも　全日空来月から二便減らす」『朝日新聞』一九六四年一〇月三一日、夕刊）。

ところで、東京オリンピックでは、当初一〇万人以上の外国人観光客が訪れると見込まれていた。しかし、実際には大会関係者九一九九人、一般観光客（通過客一一六五人を含む）四万一四六三人、合計五万六六二人にとどまった。日本の観光旅行を目的に訪日するものはそれほど多くはなく、オリンピックの観光に及ぼす影響はやや「期待はずれ」であった（内閣総理大臣官房審議室編『観光白書』一九六五年版）。

国鉄の万博輸送

日本万国博覧会はアジアで最初の万博で、入場者数は五〇〇〇万人（一日平均二七万四〇〇〇人）、国鉄の利用者は一七〇五万人（一日平均九万三〇〇〇人）と見込まれていた。国鉄は、一九六八年八月に「新幹線万国博覧会輸送対策」を決定して万博輸送に備え、一日あたりの列車本数を二〇〇本に増やした。また、「ひかり」は三〇編成を一二両編成から一六両編成とし、「こだま」を増発して五分間隔の稠密なダイヤを組んだ。そして、冷暖房完備の新車両を製造し、指定席用の新コンピュータを導入した。さらに、国鉄バスの夜行便「ドリーム号」を増発するなど、膨大な設備投資を行った。

国鉄は、万博の観客輸送を成功させるため一大キャンペーンを展開した。一九六九年一一月には万国博コーナーを設置し、七〇年二月からは「プランを急ぎましょう」「万国博は回遊券で」などと旅客の誘致をはかった。そして、一九七〇年五～八月には、「午後の新幹線で夕涼み万博を」というキャッチフレーズで、比較的余裕のあった午後の新幹線に旅客を誘導した。また、元読売巨人軍の大投手・金田《かねだ》正一《まさいち》をテレビＣＭに起用し、「熱い万博と涼しい新幹線」と快適な新幹線の新車両を宣伝した。

こうした国鉄の万博輸送は成功し、万博入場者数は六四二二万人に及んだ。日本人の入場者数は六二五一万人であったので、一人平均入場回数を二・四回とすると実数は約二六〇〇万人となる。実に国民の四人に一人が日常生活圏から千里丘陵の万博会場に足を運んだことになる。国鉄は、万博入場者の三十数パーセントにあたる約二二〇〇万人の入場者を運び、そのうちの約一〇〇〇万人を東海道新幹線が輸送した。こうして、東海道新幹線の万博輸送は、予想を大幅に上まわる成果をあげたのである（前掲『観光白書』一九七一年版）。

「ディスカバー・ジャパン」の時代

日本万国博覧会が終わる頃、高度経済成長への反省が社会的な風潮となってきた。日本人論がブームとなり、「モーレツからビューティフルへ」というキャッチコピーが流行した。経済の急成長や「質より量」をイメージさせる「モーレツ」から、質を問う「ビューティフル」へと時代は転換していったのである。国鉄は、こうしたなかで「ディスカバー・ジャパン――美しい日本と私」というキャンペーンを展開した。ディスカバー・ジャパンも量ではなく、ポスト高度成長における質を問うものとして、日本の文化や観光資本の新しい側面を発掘する役割をもっていた。国鉄はつぎのように訴えた（『交通公社の時刻表』日本交通公社、一九七〇年一一月号）。


ディスカバー・ジャパン　日本を再発見しよう。60年代を馬車馬のようにモーレツに働いて、国民総生産を自由世界第2位に押しあげた日本、そして私たち日本人。しかしその間に、都会の空はよごれ、田園にまで及ぼうとしているのです。人も、動物も、虫も、魚も、本来のいきいきとした姿を失っています。それでもなお、私たちは成長と繁栄を謳おうとするのでしょうか。

本当の成長と繁栄は、人間が人間らしい豊かな環境と、豊かな精神に生活の充足感を持った時に生まれるものです。

モーレツからビューティフルへ

私たち日本人はもっともっと母なる日本を愛そうではありませんか。日本には美しい自然があります。美しい歴史、伝統、人びとのふれあいがあります。田舎の土臭い一本の道にも、やさしい一本の木にも、そして一人の老婆にも私たちは日本を発見することができます。そして日本の再発見は自分自身の再発見でもあるのです。ディスカバー・ジャパンを川端康成先生が『美しい日本と私』と命名されたのはその意味です。だからDISCOVER JAPANは旅のキャンペーンであると同時に、心のキャンペーンでもあり、自由のキャンペーンでもあります。
日本を旅して日本を知ろう。私たちの日本のほんとうの豊かさを求めてDISCOVER JAPANの旅に出ようではありませんか。

国鉄は、このようにディスカバー・ジャパンの趣旨を説明し、旅行に便利な周遊券や回遊切符などの新しい商品を企画し販売した。さらに記念スタンプの設置、記念入場券の発売、日本縦貫〝DISCOVER JAPAN号〟（DJ号）の運転、機関誌『でいすかばあ・じゃぱん』の配布などを行ってキャンペーンを盛り上げた。

一九六〇年代の後半、国鉄は深刻な経営悪化に悩んでいた。一九六四年以降、国鉄財政は単年度で赤字を記録するようになり、毎年千億円単位で累積赤字が膨らんでいったのである。財政再建は急務であった。しかし、運賃値上げのたびに乗客が離れるという悪循環を生み、自家用車と飛行機の普及、地下鉄網の発達によって、国鉄の輸送分担率は下がりつづけた。

一九七四年一〇月からはミニ周遊券が販売された。周遊券とは、限定された地域の駅で自由に乗降できる割安切符である。従来の周遊券は希望駅を申請する手間があったため、国鉄は北海道、九

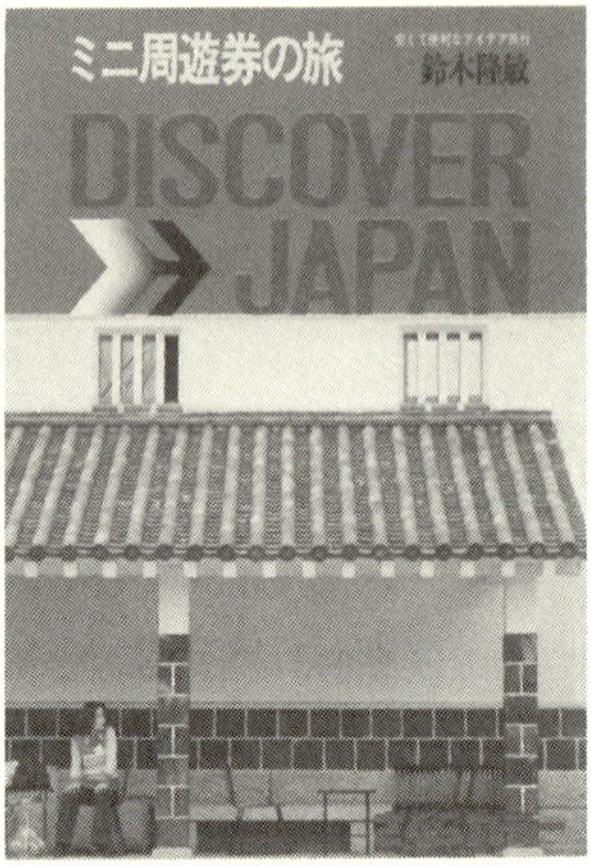

ディスカバー・ジャパン・ブックス『ミニ周遊券の旅』（鈴木隆敏著、サンケイ新聞出版局、1973年）

州など、あらかじめ指定地域が設定された均一周遊券を一九五〇年代の中頃から販売していた。ミニ周遊券は、さらに地域を絞り、代表的な都市や観光地の「ついでにあちこち見る旅」を促すべくつくられた商品で、毎月一〇～一五万枚以上売れる人気商品となった。ただし、とくに好評だったのは東京と大阪の二地域で、これは観光というよりはビジネスのために利用された。国鉄は、キャンペーンを盛り上げるため、旅番組「遠くへ行きたい」をテレビで放送した。こうして、ディスカバー・ジャパンのキャンペーンが成功して、懸念された万博後の乗客数の冷え込みはみられなかった。

両大戦間期の一九二〇～三〇年代における観光ブームは、一九三七年七月に勃発した日中戦争と、四一年一二月から始まるアジア太平洋戦争のなかで潰えた。しかし、戦後復興期を経て高度経済成長期にいたると、両大戦間期を上まわる観光ブームが到来した。国鉄や私鉄は、そうした観光ブームを的確にとらえ、激しい競争を展開しながら観光市場を拡大してきたのである。

コラム　ＪＲ九州のＤ＆Ｓ列車

一般に鉄道は、旅行者を観光地へ運ぶ輸送手段として考えられている。しかし、そうした鉄道本来の機能よりも、鉄道に乗ること自体が観光の目的となる場合がある。二〇一五（平成二七）年三月に北陸新幹線が金沢まで延伸したさい、また一六年三月に北海道新幹線（新青森〜新函館北斗間）が開業したさいに、もちろん金沢や函館への観光を目的に乗車した観光客も多いと思われるが、新しく開業した新幹線に魅せられて乗車した観光客も少なからずいたように思われる。

また、動態保存されている蒸気機関車などに乗ることを観光の目的とする場合もある。一九七二（昭和四七）年に西武鉄道山口線、七六年に大井川鐵道、七九年には国鉄山口線（現・ＪＲ山口線）などで蒸気機関車の動態保存がなされ、多くの観光客を引きつけている。

一方、今年は一九八七年の国鉄改革でＪＲが誕生してから三〇年目であるが、近年ＪＲ各社はさまざまな観光列車を走らせ、観光客の注目を集めている。ＪＲ九州は、本州三社（ＪＲ東日本・ＪＲ東海・ＪＲ西日本）と比べると、企業規模や経営環境が著しく異なっている。そこで、新型車両の導入、駅のリニューアル、線路設備の増強などによって都市圏・都市間の輸送サービスの向上をはかるとともに、ローカル線の活性化を目的として観光列車の運行に取り組み、一九八八年に特急「オランダ村特急」やＳＬ列車の快速「ＳＬあそＢＯＹ」を走らせた。これらの列車が好評であったとみると、翌一九八九年に「ゆふいんの森」を登場させ、さらに「はやとの風」「指宿《いぶすき》のたま手箱」「SL人吉《ひとよし》」「或《あ》る列車」「ななつ星in九州」などのD&S列車を走らせた（堀内重人『観光列車が旅を変えた――地域を拓く鉄道チャレンジの軌跡』交通新聞社、二〇一六年）。

D&S列車（デザイン&ストーリー列車）とは、「沿線地域が持つ文化や特色、素材などからなるストーリーと、そのストーリーを魅力的に引き立てるデザインが盛り込まれている」列車という意味である（萱嶋創「D&S（デザインアンドストーリー）列車と九州の活性化」『JR gazette』vol.349, 二〇一六年四月）。「或る列車」のストーリーとデザインについてみると、一九〇六（明治三九）年当時の九州鉄道がアメリカのブリル社に豪華客車を発注したが、一度も活躍する機会がなく「或る列車」と呼ばれていた。しかし、鉄道模型の愛好家として世界的に知られる原信太郎がこの列車の模型を作成していた。そこで、これまでJR九州のD&S列車を数多く手がけてきた水戸《みと》岡鋭治《おかえいじ》がデザイン・設計を行い「或る列車」を復元したのである。

なお、JR西日本では、北陸新幹線の金沢延伸にともなう北陸デスティネーションキャンペーンを契機に「花嫁のれん」「べるもんた」などの観光列車を導入した。またJR東日本では、二〇一一年三月の東日本大震災をきっかけに「のってたのしい列車」を各地につくって地域活性化に貢献したいと考え、「TOHOKU EMOTION」「SL銀河」などの観光列車を走らせている。さらに、二〇一七年五月から「走る豪華寝台列車」と銘打って「トランスイート四季島」という周遊型臨時寝台列車（クルーズトレイン）の運行を開始した。

おわりに

本書で論じてきたように、鉄道は近現代日本の観光の発展に大きな役割を演じてきた。本書を閉じるにあたって、簡単に振り返ってみよう。

第一章「「行楽」となった社寺参詣」では、日本人にとってもっともなじみの深い旅の形態である社寺参詣と鉄道との関係を、川崎大師、成田山新勝寺、日光東照宮などを事例にとりあげて考えてみた。鉄道は、「初詣」という正月の参詣行事を創出したばかりでなく、江戸期以来の著名な社寺を観光資源としてとらえ、信心なき参詣者を大量に生み出した。社寺参詣は、鉄道を通じて庶民の「行楽」として定着したのである。

第二章「回遊列車の流行」では、一九〇〇年代頃から回遊列車と呼ばれる、さまざまな企画列車が走るようになったことに注目している。日本の私鉄は、観梅列車、海水浴列車、観月列車、松茸狩り列車などの企画列車を走らせ、収入の増加をはかっていた。観光地や行楽地への旅客輸送の充実をどのようにはかるかは、鉄道会社にとっては重要な経営戦略の一つであった。また、官設鉄道でも鉄道作業局運輸部旅客掛長の木下淑夫によって、回遊列車が営業戦略として位置づけられた。

第三章「湯治場から温泉観光地へ」では、江戸期から湯治場として知られていた草津温泉（群馬県）や箱根温泉（神奈川県）が、温泉観光地に発展していく過程を扱っている。草津温泉も箱根温泉も、鉄道の開業が温泉観光地を形成する上で大きな契機となっていたのである。ただし、草津温泉の開発が伝統的な旅館主たちに担われていたのに対して、箱根温泉では中央資本が開発を主導していた。

第四章「海辺と高原のリゾート」では、湘南（海辺）と軽井沢（高原）をとりあげ、鉄道の開通にともなってリゾート地が大衆化していくことを論じた。湘南の海岸や軽井沢の高原は、いずれも外国人や上流階級のリゾート地として発展してきたが、鉄道の開業後、急速に大衆化し、今日にいたっている。

第五章「私鉄経営者の戦略と観光開発」では、小林一三（阪神急行電鉄）と根津嘉一郎（東武鉄道）という日本を代表する私鉄経営者による鉄道沿線の観光開発をとりあげている。小林は宝塚を、根津は日光の開発を進めるのであるが、時代は日露戦争後の重化学工業化と都市化の時期にさしかかっており、サラリーマン層を中心とする「新中間層」が勃興しつつあった。宝塚や日光の開発は、そうした新中間層をターゲットとしたものであった。

第六章「日帰りの「行楽」」では、新中間層によって日帰り可能な鉄道沿線の行楽地が人気を博すようになり、落合浪雄『郊外探勝　その日帰り』や松川二郎『近郊探勝　日がへりの旅』などのガイドブックが発刊された。ここでは、武蔵野鉄道（現・西武鉄道池袋線）を事例に、鉄道会社が沿線行楽地の開発にしのぎを削っていく様子を明らかにした。

第七章「外国人観光客の誘致」では、大正・昭和戦前期における外国人観光客の誘致について論じた。ジャパン・ツーリスト・ビューローが設立されて、外国人観光客の誘致を熱心に推進したが、それは慢性的な輸入超過がつづくなかで外貨を獲得する手段でもあった。また日本は、この時期に台湾、朝鮮、満洲など公式・非公式の植民地でも鉄道建設を進め、いわば帝国鉄道網を形成した。そして、国際連絡運輸も充実し、東京からパリやロンドンに向けて日本人が鉄道旅行を楽しめるようになった。

第八章「戦時から戦後へ」では、戦時から戦後の高度経済成長期にいたるまでの鉄道と観光の関係を考察している。一九三七年七月の盧溝橋事件をきっかけに国有鉄道は戦時輸送に舵を切り、両大戦間期の観光ブームに終止符が打たれた。日本の観光は、戦時期に瀕死の状態に陥るが、戦後復興を担う産業として期待を寄せられたのも、また観光業であった。高度成長期に入ると国鉄は、東海道新幹線を開業させるとともに、周遊券などの多様な旅行商品を販売することによって、私鉄とともに日本の観光開発を推進していった。とりわけ、日本万国博覧会以後に展開された「ディスカバー・ジャパン」のキャンペーンは、一大観光ブームを招くことになった。

また鉄道は、観光客を輸送する手段ではあるが、それだけでなく鉄道そのものが観光資源となり得るという特徴をもっている。動態保存されている蒸気機関車に乗ることを目的とする観光客もかなりの数にのぼるし、近年のＪＲ各社が競って展開している豪華客車による旅は、そのような鉄道の特徴を活かした経営戦略とみることができる。

本書は、筆者が二〇一一年に跡見学園女子大学マネジメント学部観光マネジメント学科の兼任講師として、また同学科が二〇一五年に観光コミュニティ学部観光デザイン学科と改組されてからは専任の教授として担当してきた「観光と鉄道」という講義のノートをもとにしている。当初は、一、二年で書き上げるつもりでいたが、思ったよりも時間を費やしてしまった。この間、辛抱強く原稿が完成するのを待ってくれた編集部の岩崎奈菜さんにお礼を申し上げたい。また、本書は筆者がこれまで雑誌や新聞、博物館の展示図録などに、求められるがままに書き連ねてきた小論をベースにしているが、先行研究にも多くを学んでいる。本書の性格上、先行研究に深く言及したり、出典を詳しく記載したりすることはできなかったが、感謝を申し上げたい。

近年は、航空機や自動車に押されがちであるが、鉄道は近現代日本の観光の発展に大きな足跡を残してきた。なお論ずべき点は多々あると思われるが、本書を通じて観光と鉄道について関心をもち、観光ブームに沸く日本の行く末を考える糧にしていただければ望外の喜びである。

二〇一七年八月　北軽井沢にて

老川慶喜

河出ブックス 107

鉄道《てつどう》と観光《かんこう》の近現代史《きんげんだいし》

2017年9月20日 初版印刷
2017年9月30日 初版発行

著者 老川慶喜《おいかわよしのぶ》
発行者 小野寺優
発行所 株式会社河出書房新社
〒151-0051 東京都渋谷区千駄ヶ谷2-32-2
電話03-3404-8611(編集)/03-3404-1201(営業)
http://www.kawade.co.jp/
装丁・本文設計 天野誠(magic beans)
組版 株式会社キャップス
印刷・製本 中央精版印刷株式会社

 ISBN978-4-309-62507-2

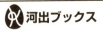